JN446152

# 슬로스쿨@애플스쿨

한숭동(韓崇東)의 대한민국 새교육설명서

슬로스쿨@애플스쿨

초판인쇄 2014년 2월 10일
초판발행 2014년 2월 15일

지은이 한숭동
엮은이 박승규
교 정 방승용
디자인 허미양 · 유승희
펴낸이 김정희
발행처 맵씨터
등 록 제2002-000026호
주 소 서울특별시 성동구 아차산로 3(성수동1가) 502호
전 화 (02)464-7708 / 3409-4488
전 송 (02)499-0846
이메일 hkm7708@hanmail.net
홈페이지 www.hankookmunhwasa.co.kr

책값은 뒷표지에 있습니다.
저자와의 협약에 의해 인지는 생략합니다.

ISBN 978-89-969760-5-9 03810
(CIP 2013025837)

# 슬로스쿨@애플스쿨

## 한숭동(韓崇東)의 대한민국 새교육설명서

한숭동 지음

맵씨터

서문

# 왜 다시 새교육을 말하는가?

독일의 전신인 프로이센은 1806년 나폴레옹에게 대패했다. 프랑스와 굴욕적 강화조약을 맺고, 독일 국민은 절망에 빠졌다. 패전 후 암울한 시기에 강인한 철학자로서 신념과 열정을 가지고 독일 국민에게 민족적 자긍심과 가능성을 심어준 사람이 피히테(Fichte:1762~1814)다. 그는 국가를 재건하기 위해 무엇보다 '새교육'의 필요성을 역설했다.

베를린대 초대 총장이었던 그는 '독일 국민에게 고함'이란 강연에서 "조국과 민족을 구할 길은 오직 교육뿐"이라며, 특히 교육을 통한 국민의 각성을 호소했다. 피히테가 루터의 종교 개혁 정신을 이어받아 설파한 독일 정신은 비스마르크로 이어졌고, 라인 강의 기적을 이뤄낸 원동력이 됐다. 마치 단재 신채호, 도산 안창호 선생이 한국역사와 문화의 소중함과 자랑스러움을 일깨우고 지켜내야 한다면서 민족계몽을 목놓아 외친 것과 같은 맥락이었다.

## 새로운 교육의 권리장전(權利章典)이 필요

우리나라 교육계에서도 광복과 함께 민주교육을 실천하기 위한 움직임이 활발히 전개됐다. 해방 직후부터 지금까지 한국의 교육학자들이 가장 자주 언급하고, 꾸준히 연구하는 교육철학자가 미국의 존 듀이(John Dewey:1859~1952)다. 실용주의 철학을 대표하는 사상가요, 교육자인 존 듀이의 교육철학은 '새교육 운동'에 큰 영향을 미쳤다.

'새교육 운동'은 광복 이후 1950년대 초반까지 처음으로 시도된 교육 개혁 운동이었다. 해방과 더불어 한국 교육이 가장 먼저 고려한 것은 억압과 차별 그리고 일제가 남긴 식민지 교육을 청산하고, 새로운 이념에 입각한 민주적 교육의 틀을 새로 계획하는 일이었다. 존 듀이는 교육의 개혁은 사회의 개혁이라고 보았다. 그는 "교육은 생활 속의 '경험'을 끊임없이 개조하는 작업"이라며, '교실'을 '실험실'에 비유하면서 변화와 혁신을 강조했다.

존 듀이가 루소나 페스탈로치, 프뢰벨의 철학을 이어받아 발전시킨 진보적 교육 운동은 단순히 교육에만 그치지 않았다. 미국 사회의 전국적인 광범한 개혁 운동으로 전개되었다. 대학에서는 철학 · 심리학 · 사회과학 등의 극단적 형식론에 대한 정신적인 반항으로 나타났다. 도시에서는 여러 사회적 악을 제거하는 시정(市政)의 개혁과제가 되었다.

우리나라 교육시스템은 지난 60년 동안 별반 달라진 게 없다. '교육은 공급자 중심이 아니라, 교육 소비자의 눈높이에 맞춰야 한다'는 주장은 이미 20여 년 전부터 나온 말이다. 그러나 여전히 교육 공급자 중심의 학교 운영이 현장을 지배하고 있다. 교육 소비자인 학부모와 학생 중심의 교육이 아니라, 오로지 대학 진학만을 위한 교육에 모든 초점이 맞춰져 있다.

교육은 항상 어제보다는 오늘을, 오늘보다는 내일을 내다보는 미래 지향적 안목과 실천 철학을 가져야 한다. 어제까지 이루어 놓은 작업은 오늘 또다시 변화와 개선을 시도하면서 진화해야 한다. 학생과 교사, 학부모들의 요구가 받아들여지지 않은 교육 공급자 중심의 학교는 이제 설 자리가 없어야 한다.

간디가 말한 7가지 악덕(惡德)이 있다. 반세기 전 인도 뉴델리 마하트마 간디 추모공원에 새겨진 그의 묘비명이자, 계명(誡命)이다. 국가를 망하게 하는 첫 번째는 '철학 없는 정치'다. '인성

인도를 방문한 (故) 노무현 전 대통령이 간디 공원에 헌화하고 있다.(2004.10.5.)

없는 교육지식' '도덕성 없는 상거래' '일하지 않고 얻은 재산(富)' '인간성이 결여된 과학' '윤리 없는 쾌락' '희생 · 헌신 없는 종교'. 이 중에 어느 하나 오늘날 우리 사회에 해당하지 않는 것이 없다. 이 계명은 우리에겐 여전히 생명수와도 같은 진리다.

### 대한민국 국민에게 고함

지금 우리 사회는 진보와 보수를 통섭하며 '새교육'에 대한 시대정신과 국민적 열망이 일고 있다. 여기에 부응하면서 교육의 틀을 확 바꿀 수 있고, 교육 소비자의 욕구를 충족시킬 수 있는 교육 철학자를 갈망한다.

정치는 현재를 바꾸는 것이지만, 교육은 미래를 바꾼다. 이제 교육 소비자가 교육 생산자를 직접 선택할 수 있어야 한다. 교육 주권을 교육 소비자인 학생과 학부모에게 돌려주자. 교육의 주인은 그들이기 때문이다. "스승은 학생에게 가르침으로써 성장하고, 제자는 배움으로써 진보한다"는 '교학상장(教學相長)'의 지혜를 바탕삼아 교육의 틀을 확 바꾸는 새교육 운동이 시작되어야 한다.

인문학과 기술의 교차점에서 창조의 보석을 캐냈던 스티브 잡스는 대한민국 교육이 나아가야 할 하나의 지표다. 잡스와 같은 창조형 인재 양성을 통한 국가 경쟁력을 높이려면 새교육의 권리장전(權利章典)이 필요하다.

박물관, 과학관, 미술관, 도서관 등에서 호기심과 상상력을 길러주는 체험 수업을 일상화하는 창조 학교 〈애플스쿨〉을 활성화해 보자. '사람이 먼저 되도록 기르는 교육'과 학우들과 잘 어울리며 협력하고 협동하면서 공동체 생활의 기본 습관을 잘 익히고 기르는 폭력없는 안전한 참사람 교육의 요람인 〈슬로스쿨〉에서도 해답을 찾을 수 있다.

이런 과정에서 사람의 됨됨이와 가치를 중시하고 안전한 학교에서 학우들과 잘 어울려 서로 도와주며, 선행학습보다는 완전학습으로 우리 아이들이 타고난 저마다의 소질을 계발하는 창의 · 인성 · 환경 친화적 융합 교육이 바로 〈슬로스쿨〉과 〈애플스쿨〉이다.

2014년 정초 한승동

## 차례

## 03 디지털 시대의 아날로그 이야기



## 04 다시 쓰는 교육학 개론

## 05 2020 교육 오디세이

# 01
# 대한민국 0교시

속도에서 깊이로, 검색에서 사색으로

철학 없는 대학에서 철학을 외치다

철학이 진격해야 하는 이유… 꽃보다 철학!

지금 우리에겐 철학이 필요한 시간이다

시대정신은 인문학의 진화를 원한다

철학 있는 학교, 이제 '슬로스쿨'로 가자

# 속도에서 깊이로, 검색에서 사색으로

대한민국은 세계에서 제일 빠르게 움직이는 나라다. 휴대폰과 초고속 인터넷 보급률은 세계 1위를 굳건히 지키고 있다. 빠른 생산과 대량 소비는 경제 성장의 가장 큰 미덕으로 꼽혀왔다. 성장, 경쟁, 개혁 같은 단어가 일상의 언어가 되면서 하나에서 열까지 속도를 강조하는 문화가 사회 전반에 자리 잡고 있다.

직장인은 직장인대로, 학생은 학생대로 '몸값'과 '스펙'을 높이고자 몸부림치고 있다. 모두가 어학 공부에, 각종 시험 대비 학원으로, 독서실로 향하느라 바쁘다. 각종 자기 계발서는 한국 사회에서 성공한 사람이 되려면 하루 24시간을 쪼개서 바쁘게 살아야 한다고, 치열하게 살아야 한다고 목소리를 높인다. 그러는 동안 우리는 느리게, 천천히, 여유 있게 사는 법을 잃어버렸다. 가파른 삶의 속도에서 앞만 보고 달려가느라 주

스위스 교육의 선구자 루소(왼쪽)와 페스탈로치

변의 아름다운 풍경은 눈 밖에서 멀어져 갔다.

심지어 죽음조차도 빠른 사회다. 압축 성장의 높은 평가의 그늘에 '자살 공화국'이라는 오명을 쓰게 됐다. 인구 10만 명당 자살률은 31.7명(2010년 기준)으로 경제협력개발기구(OECD) 회원국 중에서 가장 높다. 우리나라 자살률은 외환 위기를 전후로 급증해 최근까지 증가 추세를 보이고 있다. 지난해에만 자살로 생을 마감한 사람이 1만 5,906명에 달했다. 자살을 통해 세상을 등지는 사람이 하루 평균 43명이 넘는다. 앞만 보고 뛰어 온 '압축사회'의 과잉 경쟁과 과잉 교육이 빚어낸 비극이다. 반면 결혼율과 출산율은 계속 감소하고 있다.

대학은 취업을 준비하는 직업 훈련 학교 수준으로 하향 평준화되고 있다. 일반 대학 수는 1975년 29개에서 2012년 213개로 증가했고, 전문대학 수는 147개나 된다. 전체 대학생 수도 24만 명에서 300만 명으로 증가했다. 이제 효율과 속도만을 중시하는 사회, 학력과 학벌만이 성공의 사다리가 되는 시스템에 제동을 걸어야 한다.

산업화와 민주화, 진보와 보수의 해묵은 논쟁 역시 종식할 때다. 지난 반세기에 걸쳐 성취한 결실을 토대로 통섭과 진화의 불을 댕겨야 할 때다. 무엇보다 선진화의 동력은 인적 자원에 있다. 그러나 문제는 교육이다. 인적 자원밖에 없는 우리나라는 더욱 그렇다.

## 흔들리는 대한민국, 문제는 교육이다

'한 나라의 과거를 알고 싶으면 박물관에, 현재를 알고 싶으면 시장에, 미래를 알고 싶으면 학교나 도서관에 가 보라'는 말이 있다. 대한민국과 같이 자원이라곤 사람밖에 없는 스위스는 용병을 수출해서 생계를 이어나가야 했던 가난한 나라였다. 그러나 교육과 지식을 국가 경쟁력의 주요 동력으로 인식하고 오늘날 최강의 국가 경쟁력을 갖춘 선진 강소국으로 발전했다.

스위스의 교육에는 뛰어난 선구자들이 있었다. 스위스가 낳은 장 자크 루소는 그의 소설 『에밀: Emile』을 통해 교육의 중요성을 설파했다. 그의 자연주의적 교육 이론은 인간 본성이 자연스럽게 계발될 수 있도록 발달 과정을 거스르거나 앞지르지 않고 단계적으로 조직되어야 한다는 것이다.

루소가 스위스 교육의 모태라면 근대 교육의 아버지는 페스탈로치다. 페스탈로치는 초등학교의 창시자로 잘 알려졌다. 그는 프랑스 대혁명 이후 교육 쇄신에 앞장섰다. 스위스의 산업화가 시작하는 중요한 시기에 위대한 교육자로서 스위스 국민에게 지대한 영향을 끼쳤다. 그는 교육 사상가이면서 실천가였다. 페스탈로치는 민중에게 바른 지성의 힘을 기르게 하면 민중은 자신의 힘으로 그들의 사회적 지위를 높이려 할 것이라는 생각에서 인간 학교의 이상을 제안했다. 그리고 보육원과 빈민학교를 세워 가난해서 교육을 받지 못하는 아이들에게 교육의 기회를 줬다.

훗날 프뢰벨은 페스탈로치의 영향을 받아 유아교육을 중시했다. 아이들은 자기활동인 놀이를 통해 인간의 본성을 신장시키는 것이며, 놀이 도구는 그 중요한 매체라고 주장했다. 일본의 메이지 정부도 스위스의 높은 교육수준과 국민의 근면함에 영향을 받았다. 근대화 기치를 내건 메이지 정부는 학교 교육을 무엇보다 중시했다.

그러나 우리 현실은 어떤가? 우리의 고등학교 졸업률은 95%로 세계 최고 수준이다. 대학 진학률도 85% 가장 높다. 대학 진학을 교육의 목표로 착각을 일으킬 정도다. 정부 예산의 20%, 가계 소비지출의 11% 이상을 교육 분야에 지출한다. 교육에 대한 막대한 투자에도 갈등은 더욱 커지고 있다. 공교육의 실종과 사교육 문제, 수만 명의 조기유학과 기러기 가족, 감당하기 어려운 대학등록금과 졸업 후 취업문제 등 한둘이 아니다.

슬로시티 전남 청산도의 봄

"인생은 영어가 결정하고 대학입학은 수학이 결정한다."는 말이 있다. 대한민국의 교육 체계는 입시지옥의 덫 위에 세워져 있다. 과도한 선행학습과 야간 자율학습(야자)에 내몰리며 사교육비는 세계 최고수준이다. 지나친 대학 입시경쟁과 획일적인 교육시스템이 맞물려 고비용 저효율의 퇴행적 사회현상을 초래하고 있다.

위험수위를 넘어선 학교 폭력이 심각한 사회문제로 대두하는 가운데 근본적인 인성교육 필요성은 갈수록 높아지고 있다. 갈수록 학생들은 글로벌 무대에서 우세를 상실하고, 창의력을 기르지 못하고 있다.

한국의 청소년 자살률이 매우 높다는 소식도 우리를 우울하게 만든다. 자살은 10대 사망원인 중 가장 높은 비율을 차지한다. 속도전으로 상징되는 성장만능주의에 내몰린 10대 청소년은 학업 스트레스와 학교폭력을 견디다 못해 결국 스스로 목숨을 끊는 극단적 선택까지 하고 있다.

## '슬로스쿨(Slow-school) 운동'을 특화된 인성교육으로

이문재 시인은 이미 오래전 '산책시'에서 "깜빡이는 것들은, 위험하다. 속도는 기다림인 것을 변질시켜 버린다."고 경고했다. 시인은 자연과 하나가 되는 방법으로, 질주하는 문명에 대한 대항 혹은 대안으로 '느림'을 제시했다.

요즘 제주 올레길을 필두로 걷기 열풍이 불고 있다. 자전거 트레킹을 즐기는 사람들도 부쩍 늘었다. 초고층 아파트의 인기는 땅콩집과 한옥 바람으로 대체되고 있다. 헬스클럽에 가던 사람들이 명상 센터로 눈을 돌리고 있다. 패스트푸드 선호에서 슬로푸드와 로컬푸드에 관한 관심이 높아지고 있다. 판박이 수학 여행이 테마 체험으로 변하고 있고, 정규 학교 대신 홈스쿨링이나 대안학교에 자녀를 맡기는 학부모들도 점점 늘어난다.

이 흐름의 밑바탕에 있는 것이 바로 느림에 대한 갈망이다. 현대인은 속도와 돈에 사로잡혀 있지만, 그들의 마음은 느림의 미학과 삶의 질을 향해 나아가고 있다. 느림의 미학이란 우물쭈물하거나 게으름을 미화하자는 게 아니다. 속도 숭배를 관두는 대신 중요한 건 균형이다. 모든 일을 더 빨리하자는 게 아니라, 각자 자신에 알맞는 속도로 하자는 것이다.

농구 선수 마이클 조던(Michael Jordan)은 선수 시절에 9천 번 이상의 슛을 놓쳤다. 거의 3백 번의 경기에서 졌다. 경기를 승리로 이끌라는 특별 임무를 부여받고도, 실패한 적이 26번 있었다. 그리고 인생에서도 거듭 실패를 계속해 왔다. 이것이 그가 성공한 이유라고 밝혔다.

슬로스쿨은 대한민국 교육의 신세계다. 슬로라이프, 슬로시티, 슬로푸드 등 느림의 미학 연장선 속에 슬로스쿨이 있다. '슬로스쿨 운동'이란 패스트 문화, 첨단과 경쟁 속에 파묻혀 메말라 가는 아이들의 정서를 회복하자는 것이다. 슬로라이프, 슬로 트렌드를 교육에 접목해 창의 · 인성 · 환경 친화적 교육의 키워드로 삼자는 것이다.

매사를 속전속결로 처리하려는 직선형 사회, 빨리빨리 문화가 학부모의 마음을 급하게 만든다. 빠른 것이 미덕이 된 우리 사회의 비판적 성찰 속에 '슬로스쿨'이 있다. '슬로스쿨 운동'은 최고보다는 최선을, 경쟁보다는 나눔을, 개발보다는 보전을, 가격보다는 가치를, 돈보다는 행복을, 빠름보다는 여유를, 디지털적 검색보다는 아날로그적 사색을, 선행 학습보다는 완성 교육과 참다운 인성 교육을 더 중요시한다.

우리 아이들을 들로, 산으로, 박물관, 미술관으로 내보내 창조적인 사고와 재능을 키워 줘야 한다. 땀 흘려 운동하고 편안히 쉴 시간도 주어야 한다. 아이들의 감성과 창의가 꿈틀거리는 '슬로스쿨'은 세계가 주목하는 신 힐링 교육 코드가 될 것이다.

# 철학 없는 대학에서 철학을 외치다

'배부른 돼지보다는 배고픈 소크라테스가 낫다'는 말이 있다. 영국의 공리주의 철학자이자 정치경제학자로 유명한 존 스튜어트 밀이 남긴 명언이다. 원문은 "배부른 돼지가 되기보다는 배고픈 인간이 되는 것이 낫고, 만족스러운 바보가 되기보다는 불만족스러운 소크라테스가 되는 것이 낫다"인데, 여기에서 중간 항들은 쏙 빠져버리고 '배부른 돼지'와 '배고픈 소크라테스'의 대조적 어휘만을 축약해서 흔히 인용한다.

대학가에 인문학의 대재앙이 닥치고 있다. 최근 10년간 대학 인문계열 학과의 수가 평균 20% 감소했다. 대학에 자본이 침투한 이후 인문학은 언제나 구조조정 대상의 1순위가 되고 있다. 철학 · 윤리학 25개, 불어 · 불문학 16개, 독어 · 독문학 13개…. 지난 12년간 전국 4년제 대학에서 사라진 인문학과의 수다. 같은 기간 대학 24개가 신설되고 학생 수가 33만 명(30.3%)이나 늘어난 것을 고려하면, 얼마나 많은 인문계열 학과가 사라졌는지 알 수 있다. 시장 논리의 지배가 강화되면서 벌어진 인문학의 대재앙이다.

심지어 2011년 4월, 당시 박재완 고용노동부 장관이 "청년 실업은 문사철(文史哲)의 과잉 공급" 때문이라는 어처구니없는 말을 해 논란을 빚었다. 가뜩이나 대학의 인문학 위기를 우려하는 목소리가 높은데 엉뚱하게 이를 실업의 원인으로 끌어댄 것이다. 고용노동부 장관이 이 정도의 소견밖에 없으니 제대로 된 정책이 나올 리 없다. 인문학은 취업에 도움이 되지도 않으며, 기업으로부터 자금을 유치해 오는 데도 힘을 못 쓴다는 이유로 박대받고 있다.

## 교수까지 죽음 내모는 '정글의 법칙' in 대학 취업률

2013년 상반기 내내 지방대학은 도미노식으로 이어지는 학과 통폐합에 홍역을 앓았다. 지방의 한남대, 목원대, 배재대, 대전대, 청주대, 경남대, 조선대가 내년부터 적용되는 구조조정안을 확정했고, 부산대와 동아대는 내년 확정을 목표로 구조조정안을 준비하고 있다. 특히 대전은 사정이 좀 더 심각하다. '대학 경쟁력 강화'라는 명목으로 인문, 예술 계열의 학과들이 줄줄이 무너지고 있다. 대학 평가가 충원율과 취업률로 이뤄지는 상황에서 대학이 인기 학문만 중시하고 기초 학문을

한남대 철학과 폐과 방침에 항의하는 인문학 근조 현수막(2013.6)

없애고 있는 것이다.

대전에 있는 한남대는 철학과를 폐지하는 대신 철학상담학과를 신설하기로 했다. 기존 철학과를 폐지하면서 일종의 대체 학과를 만드는 것이다. 소위 '문사철'의 바탕을 이루는 '철학'과 심리학의 영역인 '상담학'을 합친 이름이다. '힐링' 열풍을 타고 상담 수요가 급증한 사정을 반영한 것이다. 대전대는 지난해 철학과를 없앴고, 국문과와 문예창작학과 등을 통합했다.

목원대는 독일언어문화학 · 프랑스문화학과 등을 폐지한다. 배재대는 독문과와 불문과를 폐지한다. 국문과는 '외국어로서의 한국어과'와 통합하고 통합학과의 명칭을 한국어 문학과로 하기로 했다. 청주대는 애초 회화학과 폐지를 결정했으나 최종적으로는 학과명을 '비주얼 아트'로 바꾸고 교과 과정을 실용 중심으로 개편하기로 했다. 조선대는 학과 폐지는 없으나 유사학과 통폐합을 통해 15개 학과를 8개 학과로 줄이는 구조 조정안을 의결했다. 경남대도 철학과를 없애기로 했다.

심지어 지난해 8월, 대전의 모 대학 서예한문학과 교수가 취업률 독려에 대한 스트레스를 견디지 못해 스스로 목숨을 끊은 안타까운 일이 발생했다. 취업률로 교수를 평가하는 정글의 법칙과도 같은 시스템에서 철학박사 학위는 무용지물이었다.

통폐합의 대상이 된 문학 · 사학 · 철학 등 인문계열 학과들이 처한 비관적 상황은 어제오늘 이야기가 아니다. 교수까지 죽음으로 내모는 마당에, 취업 경쟁력이 낮은 학과를 없애는 것은 항다반사가 됐다. 대학들이 인문 · 예술 학부를 중심으로 구조 조정에 나선 데는 해당 학과의 신입생 등록률과 취업률 등이 주요하게 작용했다. 또 시대적 변화에 대처하고, 대학 및 학과의 경쟁력을 확보한다는 명분을 내세웠다.

일각에선 인문 · 예술 학부를 등한시하는 것에 대해 불편한 목소리가 높다. 역사적으로도 대학을 진리의 탐구라는 주장과 현실의 사회적 조건을 전제로 보자는 견해는 항상 대립해 왔다. 대학의 뿌리를 중세에 두고 그 후 면면히 이어온 역사, 즉 학문의 탐구를 대학의 이상, 또는 본질로 삼는다면 현대의 대학은 본연의 정신과 거리가 먼 것이 분명하다.

## 철학을 가르치지 않는 대학, 인문학의 위기인가?

휴머니티(humanity)의 라틴 어원은 이상적 인간을 뜻하는 후마니타스(humanitas)다. 인문학이란 후마니타스(humanitas)에 대한 배움. 즉, '인간다움에 관한 학'이다. 대학(university)의 어원은 보편, 우주라는 의미의 유니버스(universe)에서 비롯되었다. 결국, 대학의 출발은 보편적인 지식을 배우려는 것이었다. 대학은 전문적인 지식과 보편적인 지식을 함께 배우는 곳이다. 그러나 현재의 대학교육은 파편화, 개별화됐다.

대학에서는 인문학이 찬밥 신세이지만, 교문을 벗어난 인문학 강연에는 오히려 사람들이 몰리고 있다. 대학 밖에서의 인문학 강연은 성황리에 진행 중이다. 인문학을 통해 삶의 가치를 찾겠다며 다양한 인문학 공간의 문을 두드리는 사람들이 늘어만 가는 기현상을 빚고 있다.

CEO들도 MBA 대신 인문학에 집중해 미래 지향적 경영을 모색하고 있다. 글로벌 금융 위기 등 통계적 분석 기법으로는 예측이 어려워진 상황에서 인문학적 통찰력이 대안으로 떠올랐기 때문이다. 기업들 역시 기술과 가격만으론 우위를 점하기 어려운 상황에서 인문학이 경영의 새로운 키워드로 주목받고 있는 것이다.

사회가 경제 침체와 같은 이유로 피폐해질 때 사람들은 삶에 대한 근본적인 질문을 던지고 그에 대한 답을 찾으려고 하는 경향이 있다. 최근 인문학에 대한 높아지는 관심은 사람들의 삶의 모습과 관련이 있다. 20대는 취업문제, 40대는 자녀교육, 60대는 노후 보장 문제 등 삶의 고민이 끊이질 않는다. 삶의 고달픔은 역사상 항상 있었던 문제지만, 특히 현대 사회의 인간은 자신의 삶에서 소외되고 있다. 이러한 현실적 문제, 삶의 고달픔이 인문학에 관한 관심으로 이어지고 있는 것이다.

미국 뉴욕의 월가 시위에 참여한 젊은이들의 외침은 1% 대 99%의 양극화를 해결하자는 것이다. 한국 사회 역시 빈익빈 부익부 문제가 심각하다. 빈부의 양극화는 '갑'과 '을' 인간의 양극화로 이어진다. 비정규직은 정규직과 똑같은 일을 하고도 임금은 절반 정도에 그친다. 이런 소득의 양극화는 결국 교육의 양극화로 대물림된다.

물질 문명의 발달로 현대인은 많은 편리함을 누리게 되었지만 편리함과 행복이 비례하지 않는다. 현실의 고달픔 속에서 사람들은 '인간이란 무엇일까?' '인간다운 삶 또는 행복한 삶이란 무엇일까?' 등의 질문이 있게 되고, 이것이 인간에 대한 학문, 즉 인간다움을 추구하는 학문인 인문학에 관한 관심으로 귀결된 것이다.

## 과연 교육부의 대학 평가 시스템이 확 바뀔까?

일부 대학들이 취업률이 낮은 인문·예체능 계열 학과를 폐지하면서 학생들과 마찰을 빚는 등 논란이 커지자 교육 당국이 대학 평가 시스템을 대폭 조정하겠다고 나섰다. 교육부는 뒤늦게 사후약방문(死後藥方文)격인 처방을 내놨다. 2014년부터 졸업생 취업률과 재학생 충원율 등을 기준으로 한 대학별 상대 평가 방식을 대학의 특성을 고려한 질적 평가로 바꾸겠다는 것이다.

만시지탄(晩時之歎)이지만, 돈벌이가 안 된다고 해서, 아무도 알아주지 않는다고 해서 대학이 인문학을 버려서는 안 된다. 그 중에서도 특히 철학은 대학의 출발이자 근원적 학문이기 때문이다. 대학에서조차 근원적 질문과 사유와 성찰의 시간을 보낼 수 없다면 우리 사회는 정말 어디로 가게 될지 아무도 모르는 일이다.

프랑스처럼 인문학을 집중적으로 육성하는 정책연구소를 만들거나, 국공립대만이라도 인문학 육성책을 의무화해야 한다. 국공립대학 등 지역별 거점대학과 지자체가 공동으로 '지역학연구센터'를 만드는 것도 하나의 대안이 될 수 있다. 교육 당국은 대학 평가 시스템을 바꾸는 일회성, 대증적 처방에 한 발 더 나아가 인문학에 대한 인식의 대전환의 계기를 만드는 솔로몬의 지혜를 모아야 한다.

# 철학이 진격해야 하는 이유….<br>꽃보다 철학!

한국 사회는 힐링을 앞세운 책, TV 프로그램, 각종 강연, 여행 상품이 봇물처럼 터져 나오고 있다. 힐링 열풍은 지나친 속도 중심, 경쟁 중심 사회에 대한 철학적 반성의 결과다.

철학(Philosophy)은 어원적으로 고대 희랍어의 '지혜'(sophia)와 '사랑'(philos)이라는 두 단어가 결합하여 이루어진 말이다. 지식이나 지혜에 대한 사랑이 바로 철학에 대한 어원적 정의다. 철학은 시작과 근원을 찾는 일이다. 철학은 물음으로부터 시작된다. 간단히 말하면 세상의 일들을 자기 관점에서 본 시각이다. 그리고 '왜 그런지', 궁금증을 풀고자 생각하는 것이다.

'나'는 누구인지, 인생이 무엇인지, 행복이란 무엇인지, 종교가 무엇인지, 역사란 무엇인지에 대해 생각하고 정리하면, '나는 이렇게 본다'는 관(觀)이 선다. 자아관, 인생관, 행복관, 종교관, 역사관 등 이런 세상의 일들을 자기 시각에서 보면서 나름대로 생각하고 정리하는 것이 철학의 시작이다.

철학은 유사 이래로 언제나 존재했다. 중세에는 종교의 힘이 강해 신학에 편입된 형태로 근근이 살아 남았지만, 중세 말에서 근대를 여는 데 큰 역할을 했다. 오늘날 종교가 자본주의로 대치된 것을 제외하고는 중세와도 같은 상황이다. 언뜻 생각하면 인문학의 위기 상황으로 보일 수 있지만, 자본주의 이후의 세계를 열 수 있는 것도, 그에 도움을 줄 수 있는 것도 바로 철학을 중심으로 한 인문학이다.

철학은 소수의 전문적 지식인들만 접근할 수 있는 영역이 아니다. 민주주의를 배우면서도 민주의식은 없고, 노동자로 살면서도 노동자 의식도 없고, 역사를 배우지만 역사의식이 무엇인지도 모르고, 자본주의에 살면서도 자본주의 윤리도 모르는 사람들은 바로 철학을 모르기 때문이다.

## '빠름 빠름'의 시대에 철학은 무엇인가?

조선 시대만 해도 우리나라는 철학과 문화가 강한 나라였다. 강력한 대륙의 힘을 바탕으로 중국은 끊임없이 한반도를 파고들었지만 언제나 이 땅에는 철학과 문화, 역사가 있었다. 그랬던 이 땅의 문화력은 일제 강점기를 거치고 한국전쟁을 치르며 메말라갔다. 철학을 상실한 우리는 한때 이 땅에는 철학이 숲을 이루고 문화가 강물처럼 흘렀다는 것조차 제대로 알지 못한다.

철학은 없고 도덕만 가르치는 것은 머리만 있고 가슴이 없는 인간을 길러 내는 것과 같다. 일제 강점기 학교에서는 철학을 가르치지 않았다. 일제강점기 교육의 목적은 '황국 신민'을 만드는 데 있었다. 일제가 가장 경계했던 건 조선 사람들이 똑똑해지는 것이었다. 동서고금의 독재자들도 민중이 각성하는 걸 가장 싫어했다.

철학이 없는, 철학을 가르쳐 주지 않은 사회에서 그 사회 구성원들은 이성이 아닌 힘의 논리가, 정의가 아닌 상업주의 논리가 지배하는 사회로 바뀐다. 철학을 상실한 사회는 하루가 다르게 향락과 감각이 지배하는 황량한 사회로 바뀌어 가고 있다. 청소년들은 학업 경쟁의 늪에 빠져 교실과 학원, PC방을 오갈 뿐이다. 젊은이들은 자기 스스로 자신의 삶의 '의미 있는 경험'을 만들어 내지 못한다. 지적인 능력을 제외하고는 삶을 살아가는 필수적인 역량이 개발되기 어려운 교육 현실이다.

그래서 이 시대의 청춘은 더욱 힘이 든다. "아프니까 청춘이다. 천 번을 흔들려야 어른이 된다"며 위로해주기도 하지만, 정답은 아니다. 원인이 있고 결과가 있다.

무엇이 오늘을 만들었나? 해답은 인문학에 있다. 철학과 문화, 역사에 물어봐야 한다. 시쳇말로 멘붕(멘탈붕괴)이 유행어가 된 것은, 자기 철학이 없어서다. 하루에도 몇 번씩 멘붕이 잦은 이들에게 스스로 치유할 수 있는 철학을 권한다.

KBS 〈개그콘서트〉에 나오는 '어르신'의 말은 성장만능주의와 속도전쟁의 부질없음을 허망하게 풍자한다. "돈 많이 벌면 뭐하겠노? 기분 좋다고 소고기 사 먹겠지. 소고기 사 먹으면 뭐하겠노? 힘 좋아져서 열심히 일하겠지. 열심히 일하면 뭐하겠노? 돈 많이 벌겠지. 돈 많이 벌면 뭐하겠노? 기분 좋다고 또 소고기 사 먹겠지…."

## 철학은 시대를 꿰뚫는 안목을 키운다

인문학은 21세기에 걸맞은 지식 참모다. 세계적으로 1960~70년대에는 회계 전문가들이 CEO가 되었다. 그 시대에

투신 자살을 줄이려고 마포대교에 설치한 '생명의 다리'에 새로 새겨진 문구들. "1년 전 걱정 기억나? 지금 그 걱정도 곧 그렇게 될 거야." "소크라테스가 말했죠. 너 자신을 알라. 그래서 하는 말인데, 당신 생각보다 괜찮은 사람이야."

는 만들면 팔리는 시기였기에 돈이 새나가는 부분만 잘 막으면 회사 수익이 높아지므로, 회계 출신들을 사장으로 앉혔다. 1980년대에는 영업 출신들이 사장이 되었다. 이 시대에는 대량생산이 세계적으로 이루어져 회사의 제품을 경쟁회사보다 많이 팔 수 있는 사람을 선호했기 때문이다. 한국은 재벌기업 종합무역상사들의 전성기였다.

1990년대로 들어오면서 글로벌 경쟁이 더욱 심해졌다. 이젠 단순히 많이 판매하는 것이 아니라, 새로운 기술로 시장을 선도해 나갈 수 있는 사람이 필요해졌다. 그래서 엔지니어 출신이면서, 경영마인드를 갖춘 분들이 주목받았다. 외국은 대표적으로 빌 게이츠나 스티브 잡스 같은 사람이 여기에 해당한다.

그럼, 21세기에는 어떤 경영자가 적합한가? 세계의 수많은 석학과 기업의 CEO들이 선택한 사람은 놀랍게도 '철학자'였다. 이 시대가 요구하는 21세기 리더십에 근본적인 변화가 오고 있다. 그것은 진보냐 보수냐의 문제가 아니라 소통과 공감, 즉 커뮤니케이션 혁명에 얼마나 적응하느냐의 문제다. 칸트가 『판단력 비판』에서 아름다움을 통해 전하고 싶었던 이야기는, 미학보다는 바로 인간과 인간의 소통이었다. 『판단력 비판』은 미학으로 많이 알려졌지만, 칸트는 미를 통해 더 많은 것을 밝히고자 하였다.

인문학, 특히 철학은 시대를 꿰뚫는 안목이다. 이병철 삼성 창업회장은 "내 모든 경영 비법은 논어에서 나왔다"고 했다.

많은 조직에서 개방적이고 창의적이고 수평적인 리더십이 자리 잡고 있다. 이 과정에서 철학자, 또는 철학이 있는 경영자가 가장 적합하다는 얘기다.

시대가 발전하면서 수많은 욕구와 이해 관계가 사회 내에서 서로 상충하게 된다. 이때 철학이 깊은 사람만이 갈등 관계를 중립적으로 중재할 수가 있고, 이들 사이에 공통점을 묶어서 하나의 목표로 가는 비전을 제시할 수 있기 때문이다.

아리스토텔레스는 사람의 마음을 움직이는데 세 가지 요소가 중요하다고 봤다. 즉, 로고스(Logos-논리), 파토스(Pathos-감정), 에토스(Ethos-신뢰감)가 필요하다는 것이다. 사람들은 흔히 논리적인 태도를 통해 자신의 견해를 주장한다. 하지만 로고스(논리)만을 내세우면, 때론 갈등이 심화할 수 있다. 먼저 상대방에게 신뢰감, 즉 에토스로 호감을 사고, 파토스(감정)에 호소한다면 소통과 공감의 폭은 더욱 커진다. 지금의 언어로 풀이하면, 융합과 통섭의 이론이 녹아있는 셈이다.

인간의 본성을 탐구하는 심리학, 역사, 문학 등 인문학은 본래 경영학의 인사조직론 등에서 중요한 가치 판단의 근거로 자리했었다. 사람의 본성, 욕구 등은 세상이 변해도 크게 변하지 않는다. 그래서 인문학을 통해 미래의 기업 경영, 국가 정치, 인재 교육 등에 대한 실마리를 찾을 수 있다. 원로 배우 이순재, 영화 감독 박찬욱, 가수 신해철 등이 잘 알려진 철학도 출신이다.

최근 인문학이 급부상한 이유는 창의적 인재의 중요성이 날로 커지고 있기 때문이다. 인간의 가장 뛰어난 창조성은 오직 시간과 정신적인 여유가 있을 때에만 발휘된다. 지식 정보 사회에서 인정받는 인재의 자질은 창의력과 통찰력이다. 단편적인 전문 지식보다는 경계를 자유롭게 넘나드는 상상력과 영감, 그리고 감성이 필요하다. 한쪽으로 편중되지 않는 균형 감각과 자유로운 상상력, 시대를 꿰뚫는 안목과 교양이 현대인에게 필요한 시대가 된 것이다.

## 철학을 한다는 것은 사는 방법을 배우는 것이다

마르틴 루터

"내일 지구가 멸망해도, 나는 한 그루의 사과나무를 심겠다"는 보통 스피노자의 명언으로 떠올린다. 그런데 이는 스피노자가 한 말이 아니고, 스피노자와는 아무런 연관이 없다. 왜냐하면, 이 말은 마틴 루터가 했다고 간주한다. 마틴 루터는 스피노자보다 훨씬 이후의 사람이기 때문이다. 물론 스피노자의 명언도 많다. "철학을 한다는 것은 사는 방법을 배우는 것이다"라는 그중의 하나다. 상식적으로 철학은 사는 법을 배우는 것이라고 말한 사람이, 지구가 멸망해도 사과나무를 심겠다는 것은 말이 안 된다.

보통 철학을 한다고 하면, 현실과 동떨어진 학문이라고 취급하는 경향이 많다. 깊이 생각해 보면, 철학은 삶 그 자체를 가장 깊이 다루는 학문이므로 오히려 현실에 가장 밀착된 학문이다. 그런 의미에서 스피노자 말의 의미를 곱씹어보면 철학을 한다는 것은 이 세계에서 살아가는 더 근원적인 방법과 목적을 배우는 것이다. 철학을 함으로써 사는 방법을 배우는 셈이다.

인문학은 사람의 인성을 갈고 닦고 생각의 지평을 넓혀 준다. 사람들이 인문학을 찾는 이유는 누구에게나 어려운 인생에서 지혜로운 참모를 얻기 위함이다. 인간은 정답 없는 문제를 늘 맞닥뜨리면서, 그리고 수치화할 수 없는 의사 결정을 내리기 위한 나침반으로 인문학을 찾는 것이다. 그런데 우리에게 인문학이 필요하다는 사실을 쉽게 느끼지 못하는 이유는 인문학이 여타 실용 학문처럼 눈에 보이지 않기 때문이다.

한 편의 시, 한 권의 시집을 읽고 직관적으로 감동했을 때, 당장 실용적인 기술을 제시할 수 있는 게 아니다. 그저 그런 느낌이 쌓여 있다가 무의식적으로 발현되는 것이다. 인문학을 통해 얻은 지식으로 사유할 때, 우리는 그것을 인지하지 못한다. 우리 사회도 마찬가지이다. 지금 사회는 자기도 모르는 사이에 모든 분야에서 인문학에 의지하고 있다. 변화는 이미 여러 분야에서 일어나고 있다. 우리 시스템도 이제 달라져야 한다.

정부 시스템도 달라지고, 경영 시스템도, 교육체계도 확 달라져야 한다.

# 지금 우리에겐 철학이 필요한 시간이다

제자가 물었다. "올림픽 우승자에게는 상을 주는데, 왜 철학자에게는 아무런 상이 없습니까?" 스승 플라톤은 답했다. "상이란 모름지기 그 업적보다 가치 있는 것일 때 의미가 있다. 지혜를 얻는 것보다 가치 있는 것이 세상에 어디 있어 달리 상을 주겠느냐?"

삶은 그 자체로 곧 앎이다. 한 철학자의 깨달음을 응용해보면 인문학은 프로메테우스의 불이다. 그것은 백열 전구처럼 우리 정신을 잠들지 못하게 한다. 신화에서처럼 불을 손에 넣은 우리는 미망(迷妄)의 잠 대신에 생각하고 고민해야 하는 밝은 한낮을 선물 받는다. 인문학의 불과 더불어 삶을 바라볼 때 우리의 정신은 빛을 가둔 유리병처럼 밝아지고 가치 있는 것이 된다.

## 한국을 '좀비의 나라'로 만드는 바이러스에 맞서라

도정일 경희대학교 명예교수는 지금 대한민국은 '사회적 사유 정지' 상태를 조장하는 세 가지 바이러스에 감염된 좀비사회라고 일갈한다. '생각한다'는 것이 무엇인가? 라는 것부터 생각하지 않는다는 것이다. 첫째는 '밀림(密林) 주의' 바이러스다. 약자도태=승자독식이라는 불안과 도태의 공포 속에서 "생각이 밥 먹여주나?"라는 것이 이 바이러스에 공격당한 사람들의 절박하고 절망적인 정신 상태다.

둘째는 '시장 만능주의' 바이러스다. 시장의 논리를 따르지 않으면 살아남지 못한다. "생각은 무슨 생각, 그저 시장이 요구하는 대로 따르고 시장의 신 앞에 부복하자"는 것이 이 바이러스에 감염된 사람들의 정신 상태다.

셋째, '쾌락 지상주의' 바이러스다. "힘든 일이여 안녕, 고통이여 안녕, 슬픔이여 안녕" 이렇게 노래하는 것이 쾌락 지상주의다. 역설적이게도, 사실은 고통이 심한 사회일수록 이런 불가능한 무통증의 쾌락 사회를 그리워하는 바이러스가 창궐한다는 것이다. 생각하지 않을 뿐 아니라 생각하기를 거부하고 꺼리고 혐오하는 것이 사유의 정지 상태다. '생각한다'는 행위 자체에 모라토리엄을 걸어버리는 것이다.

'문사철'로 대표되는 인문학은 "철학이 밥 먹여주나?"라고 묻는 사람에게 "당신은 왜 밥을 먹는가?"라고 반문한다. "어떻게(how) 돈 벌까"만 있으면 됐지 "왜(why)"는 무슨 왜? 그러나 그 '어떻게'에도 질문이 따라붙는다는 것을 그들은 잊고 있다.

인문학이 생산하는 잠재력이 다시 주목받고 있다. 여의도 정가에 인문학 바람이 뜨겁다. 국회의원들도 인류의 경험과 지혜가 녹아 있는 인문학에서 사회를 조정해 나갈 수 있는 지혜를 찾고자 인문학 서적을 탐독한다. 인문학 열풍의 주역은 '책 읽는 국회의원 모임'이다.

인문학은 사회 현안을 최종 조율하는 역할을 하는 정치인들에게 설득력 있는 해답을 준다. 인문학 서적 읽기 붐은 '인문학 속에 답이 있다'는 진리 앞에 정치권도 예외가 될 수 없음을 방증한다. 새 정부가 추구하는 창조경제도 인문학적 상상력을 전제로 한다.

국내 대기업들은 위기 돌파의 수단으로 '독서경영'에 나서고 있다. 전에도 독서경영이 인기를 끌었지만, 최근엔 단순히 경제·경영, 자기계발 서적을 넘어 철학, 문화, 역사와 같은 인문학 분야의 책을 직원에게 추천하는 기업이 적지 않다.

도서의 선정 방식에도 변화가 일고 있다. 예전에는 CEO나 기관장이 휴가철에 특정 책을 언급하면 직원까지 따라 읽는 게 일반적인 독서 관행이었다. 요즘은 북 칼럼니스트 등 전문가 그룹이 선정한 '이달의 필독서'를 읽는 게 유행이다.

재계에서는 독서가 지식과 정보, 기술, 아이디어를 조직원이 공유하는 경영 기법이자 최고 경영자가 기업의 핵심 가치를 구현하는 수단으로 자리를 굳히고 있다. 과거 세상이 권력의 힘으로 장악됐다면 이제는 정보의 힘으로 장악된다. 인문학의 가치 · 철학적 측면을 이해하지 못하면 빛의 속도로 변하는 기술 변화 과정도 따라잡을 수 없고, 어떤 리더십을 발휘해야 하는지도 알 수 없다.

'인문학이 기업의 성장을 돕는다'는 인식이 퍼지면서 실제로 기업들이 변하고 있다. 구글은 2011년 신규 채용인력 6,000명 중 5,000명을 인문학 전공자로 충원했다. 취업을 준비하는 20대, 조직의 경쟁력을 강화하고 싶은 관리자, 늘 새로운 난제와 마주하는 CEO에게도 인문학은 이롭다. 과학이나 공학이 퀸이나 비숍이라면, 철학은 체스판이다.

21세기 가장 위대한 혁신의 아이콘으로 평가받는 스티브 잡스는 평소 기회 있을 때마다 "나는 플라톤(Platon)과 호머(Homer)를 비롯해 수많은 동양 고전을 통해 새롭게 생각하는 방법을 배웠다. 그것이 애플을 만들어낸 원동력이다. 소크라테스와 점심 한 끼 함께할 수 있다면 애플이 가진 모든 기술을 내놓겠다"면서 인문학의 중요성을 강조하곤 했다.

노벨상 수상자를 가장 많이 배출한 시카고대학교의 숨은 경쟁력 역시 인문학 정책이었다. 1929년 제5대 총장으로 취임한 로버트 허친슨(Robert Hutchins)은 재학생들에게 졸업 때까지 동서양의 인문 고전 100선을 의무적으로 읽도록 했다.

허친슨 총장의 인문학 학습 프로그램인 '시카고 플랜'을 통

우암 공원 남간정사의 봄

해 시카고대학교는 삼류 대학에서 오늘날 하버드대학보다 많은 70명 이상의 노벨상 수상자를 배출시킨 세계 최고 명문 대학으로 발돋움했다. 20대 초반 감수성이 예민한 시기에 고전을 접한 젊은이들에게 자신의 역할 모델을 찾으면서 인간에 대한 이해와 사회 현상에 대한 본질을 관통하는 혜안을 길러준 것이 바로 인문학이었다.

늘어나는 범죄자로 골머리를 앓던 미국의 뉴욕은 한 인문학자가 제안한 '클레멘트' 프로그램을 도입해 큰 성과를 얻었다. 프로그램에 참여한 빈민, 노숙자들은 인문학을 접하며 욕이나 주먹다짐이 아닌 방법으로 자신을 표현할 수 있게 됐다.

## 인문 교양의 힘으로 잃어가는 한국 고유의 정신 세계를 회복해야!

인문학 부재의 대한민국 사회는 외국인도 알아본다. 인문 교육의 위기 속에 거꾸로 가는 대한민국을 예리하게 관찰하고 나아가 그 대안을 제시한 사람이 있다. 바로 임마누엘 페스트라이쉬(한국명:이만열) 교수다.

그는 예일대, 동경대, 대만 국립대, 서울대, 하버드 대학원에서 공부한 특이한 이력을 가진 사람이다. 2년 전까지 충청남도 자문관과 우송대학교 솔 브리지 국제대학 교수를 지내다가 지금은 경희대 후마니타스 칼리지 교수로 있다.

그는 2011년에 펴낸 저서 『인생은 속도가 아니라 방향이다』에서 한국에 살면서 느낀 사회 전반적인 문제를 총체적으로 분석했다. 한국전쟁 이후 황무지에서 약 30년 동안 초고속 압축 성장을 통해 세계적인 경제 발전은 가져왔지만, 상대적으로 인문학적 교육을 소홀히 함으로써 삶의 질과 정신적 가치를 그만큼 상실했다는 점을 지적했다. 그는 홍익인간의 정신에서 한국 교육의 미래를 찾고 있다.

이만열 교수는 예전 한국의 찬란한 인문학적 자산과 문화유산을 요즘 시대에 맞게 다시 새롭게 부활하자고 초지일관 주장한다. 그는 빨리빨리 경쟁에 너무 몰입한 대한민국 교육, 더 나아가 인문학 부재의 현재 상태에까지 시각을 넓힌다.

그 핵심이 바로 인문학적 교육 방식이다. 끊임없는 토론과 독서가 정답임을 강조한다. 이 책의 추천사를 쓴 현각스님도 서양 학문과 동양 인문학을 두루 공부한 분이다. 독일 뮌헨 불이선원장인 현각스님은 종교가 아닌 인문 교양의 힘이 잃어가는 한국 고유의 정신 세계를 회복시키는 데 큰 역할을 할 수 있으리라 봤다.

사람은 살아야 하고, 살아가기 위해 돈도 벌어야 한다. 어떻게 살고 어떻게 돈 버는가에 따라 인간은 인간이 되기도 하고 인간 이하가 되기도 한다. 인문학은 이 '인간 이하'를 거부하기 위한 질문이고 가치이며, 기준이고 본질이다. 이 근본적 질문을 폐기하는 사회는 '기본이 없는 사회'다. 기본이 없는 사회에서 사람들은 사는 것이 아니라, 살아가는 척하거나 죽은 거나 마찬가지다.

"나는 생각한다. 고로 나는 존재한다"는 프랑스의 합리주의 철학자 R. 데카르트가 방법적 회의 끝에 도출한 철학의 출발점, 제1원리다. "철학이 밥 먹여주나?"라는 물음에 "당신은 왜 밥을 먹는가?"라는 반문은 여전히 현재 진행형이다.

"저녁때 / 돌아갈 집이 있다는 것 / 힘들 때 / 마음속으로 생각할 사람 있다는 것 / 외로울 때 / 혼자서 부를 노래가 있다는 것" 〈나태주의 시 '행복' 전문〉. 외연(外延)보다는 내포(內包)가 깊은 나태주 시인은 오늘도 '일상성의 소중함'을 토로한다. 달라이라마 행복론의 핵심은 "탐욕의 반대가 비우는 무욕이 아니라 만족"임을 일러준다. 행복한 삶이란 톨스토이가 말한 세 마디 "지금 여기, 옆에 있는 사람, 그 사람에게 잘해주는 것"이라는 것을 깨닫는 것이 중요하다.

# 시대 정신은 인문학의 진화를 원한다

인문학은 오랫동안 학문 중의 학문으로 존중받아 왔다. 그러나 대학의 시장화와 실용주의 때문에 인문학에 대한 평가가 절하되고 있다. 취업 중심의 교육을 지향하는 대학에서 인문학은 외면받고 설 자리를 잃어가는 것이다. 하지만 대학 밖에서는 오히려 일반 대중 사이에 인문학 열풍이 한창이다. 사회에선 인문학 열풍이 불고 있지만, 대학가에선 '인문학 위기론' 이라는 수렁에서 빠져나오지 못하고 있다.

대학 내 인문학이 위기라는 비명은 주기적으로 터져 나왔다. 대표적인 것이 지난 2000년대 초반과 중반에 번진 인문학 위기론이었다. 특히 2006년 여름을 뜨겁게 달군 인문학 위기론은 전국 80여 개 인문대 학장들이 인문학 위기를 알리는 성명을 발표하며 전국 대학으로 확산했다. 고려대 문과대 교수들의 '인문학 선언'으로 시작된 이른바 '인문학 살리기' 움직임은 적잖은 반향을 일으키기도 했다. 전국 인문대 학장들이 협의회를 구성해 정부의 인문학 지원을 강력히 요구한 것도 이런 반향에 힘입은 바 크다.

인문학 위기는 국가 경쟁력에도 부정적 영향을 미치는 만큼 정부가 적극적인 후원자 역할을 맡아야 한다는 논리였다. 그러나 이런 논리는 인문학이 비판적 거리를 유지해야 할 자본과 시장과 경쟁을 인문학의 '갑'으로 모셨다는 점에서 자가당착에 빠져 버렸다. 인문학적 상상력이 기업 경쟁력 강화에 유용하다며 'CEO를 위한 인문학' 등의 간판을 내걸고 각 대학과 언론에서 경쟁적으로 진행한 인문학 강좌도 사정은 비슷하다.

치열한 사유와 토론을 핵으로 하는 인문학이 호화 강의실이나 호텔 식당에서 조찬 겸 진행하는 인맥 쌓기, 자치단체장의 생색내기용 평생 강좌에서 인문학적 가치와 소양이 가능할 리 없다. 세간의 인문학 열풍이 사실은 돈과 시간 여유가 있는 중산층 이상 '유한계급'을 위한 교양프로그램 이상도 이하도 아니라는 비판을 주목해야 한다. 가뜩이나 취약한 인문학의 기반만 뒤흔든 셈이 된 것이다.

## 위기에 선 것은 대학의 학문 탐구인가, 경쟁력인가

전 세계를 대상으로 하는 TED식 강연이나, 각종 인문학 강좌가 인기가 끌면서 인문학은 일시적 유행이 아닌 계속해서 '인류의 교양과목'으로 배워야 할 과제가 됐다. 현대 사회가 요구하는 소통 능력, 리더십, 사회적 소양과 자질을 고루 갖출 수 있도록 하는 학문이 인문 · 예술분야다. 시대적 인재 양성을 외치면서 정반대의 길을 걷는다는 사실이 오히려 이율배반적 행동이다.

'인문학 선언'으로 촉발된 인문학 담론은 신자유주의적 세계화 속에서 잊힌 인문학의 위기에 관한 관심을 촉발시켰다. 하지만 시장 만능 논리의 독주에 따른 인문학의 경시, 정부의 지원 체계 미비, 대학의 상업화와 학생 수의 급감 등만을 부각했다.

돌이켜보면 실용성을 강조하는 시대에 접어든 후 인문학은 늘 위기였다. 인문학이 우리 사회에서 차지하는 지분이 일정한 속도로 꾸준히 줄어들고 있었다. 이유는 간단하다. 인문학이 팔색조로 거듭나야 할 상황에 여전히 '단색조'의 모습을 유지하고 있는 게 문제다. 다른 학문 분야와 협력해 다양한 스펙트럼을 보여주면서 시대의 변화에 적합한 조언을 내려주는 사회의 멘토 역할을 제대로 수행하지 못한 게 인문학 위기의 핵심적 원인이다.

지방 대학에서 인문학과는 더욱 찬밥 신세다. 지성의 상아탑으로 일컬어지는 대학이 표면적 평가 지표에 따라 기초 학문의 근간을 흔들고 있다. 돈 안 되는 인문학은 대학 상업화의 희생양이 되고 있다. 학생과 교수 모두 연구는 뒷전이고 취업에만 매달리고 있다. 참으로 안타까운 현실이다.

지방 대학들이 인문학을 외면하는 것과 달리 일부 대학에서는 인문학에 관한 관심을 높이고 있다. 특히 한양대는 '인문학 고전 72선 읽기', '인문학 인증제' 등을 통해 인문교육 강화에 박차를 가하고 있다. '인문학 인증제'는 전공과 상관없이 인문학 고전 읽기 강좌를 2학점 이상 이수해야 졸업할 수 있다. 학제간 융합 강좌 '공대생을 위한 한문 강독', '인문대생을 위한 자연과학', '인문학적 건축학', '예술학과 감성 과학' 등은 학생들로부터 큰 호응을 얻고 있다. 한양대가 가진 인문학적, 예술적 교육 인프라를 활용해 현실적인 융합 공학교육 모델을 구축하기 위한 것이다. KAIST, 포항공대와 같은 손꼽힌 과학기술대학과 차별화하는 방편이다.

## 무엇이 인문학의 사회적 기여인가?

인문학은 사회의 기반이다. 역사가 없이 미래를 어떻게 전망하고, 문학이 없이 인간을 어떻게 성찰하고, 철학이 없이 사유를 어떻게 조망할 수 있겠는가. 다만 인문학의 위기를 보는 온도 차가 있다. 원자재만으로 승부를 겨루려 하고 우수한 콘텐츠(contents)를 바탕으로 한 가공품 생산에 소홀했던 일은 짚고 넘어가야 할 대목이다. 인문학 자체가 변화하는 현실에 제대로 대응하지 못했다.

졸업생이 취업 정보 게시판을 바라보고 있다.

인문학이 대중과의 소통 부재로 현실과 괴리됐다는 지적이다. 숨 가쁜 디지털 시대에 호머의 작품을 암송하고 공맹 사상만을 논하는 과거로 돌아갈 수는 없다. 현실의 문제점을 파악하고 그 대안을 제시하지 못하는 인문학은 대중으로부터 결국 외면받을 수밖에 없다는 따끔한 자성의 목소리에 귀를 기울여야 한다.

인성이 황폐해지고 자살과 폭력이 증가하는 현실에서 인문학에 대한 수요는 더욱 커지고 있지만, 인문학의 위상은 점점 약해지고 있다. 그래도 인문학은 희망이다. 세상의 이치를 통찰할 힘을 길러주는 인문학의 부활이야말로 찬란한 한국 문화유산을 빛나게 해 줄 원동력이라는 이만열 교수의 말이 깊게 각인된다.

단일 수종이 지배하는 숲보다 여러 수종이 공존·경쟁하며 조화를 이루는 숲의 생명력이 한층 강하다. 인문학이 학문 간의 경계를 허물고 다른 영역의 학문과 적극 대화하고 손잡으려는 노력을 시도할 때, '인문학의 봄'은 다시 도래하지 않겠는가. 오히려 대융합과 창조를 강조하는 디지털 시대에 인문학은 스토리텔링과 접목되어 화려한 부활의 날갯짓을 하고 있다.

김탁환 교수는 건양대, 한남대를 거쳐 KAIST 문화기술대학원 교수로 재직했다. 김 교수는 드라마 〈불멸의 이순신〉 〈나, 황진이〉 영화 〈조선 명탐정 각시투구꽃의 비밀〉 등의 원작자로 유명하다. 현재는 경기도 파주의 창작실에서 전업 작가로 집필에 몰두하고 있다.

동양 최고의 역사서 사마천의 사기를 완역한 김원중 건양대 중국언어문화학과 교수도 빼놓을 수 없는 보석이다. 김 교수는 인간의 흥망사와 생존사가 역사의 줄기를 이뤄왔음을 고전에서 알 수 있고 이는 곧 생존의 몸부림이었다고 봤다. 현시대 노숙자나 하우스 푸어 등 빈곤층의 삶의 모습도 고전과 닮아 있다며 고전과 현시대의 연관성을 해석했다. 최근 노자 완역본을 출간했다.

## '삶의 주인'이 되기를 사유하는 인문학

모든 학문의 시작은 인문학에서 시작되고, 예술은 인간의 삶

가수 싸이 '젠틀맨' 뮤직 비디오를 촬영한 서울 도서관 생각마루 계단

을 풍요롭게 한다. 레오나르도 다빈치, 스티브 잡스 같은 창의융합형 인재가 나온 것도 그들이 인문학에 천착했기 때문이다. 스티브 잡스가 아이폰을 만들 때 "IT에 인문학의 감성을 더했다"고 한 말은 지금도 회자된다. 잡스가 대학을 한 학기 만에 중퇴하고 철학과 인문학 강의를 청강하면서 배운 인문학적 지식과 상상력이 애플의 창의적인 IT 제품으로 거듭나면서 우리 삶을 바꾸고 세계를 바꾸게 되었다.

우리 사회의 정신적 가치가 한 차원 더 높아지려면 인문학적 기반이 강해져야 한다. 한국이 세계에 유례가 없는 경제 발전을 이룩한 것도 학문을 숭상하는 유교적 인문 전통의 힘 때문이었다. 그런데 지금 사회는 인문학의 가치를 홀대하고 있다. 과학 기술이 발달하고 경제가 발전하면 잘 산다고만 말할 게 아니라, 어떻게 사는 것이 잘사는 것인지에 대한 밑그림이 있어야 한다. 거기에 대한 답이 없으면 삶은 공허해질 수밖에 없다. 인문학은 바로 그런 가치들을 묻고 찾아가는 과정이다.

나는 소망한다. 최근 또다시 부상한 대학 내 인문학 위기 담론이 인문학에 대한 인식을 바꾸고 새 지평을 여는 계기가 되기를. 인문학의 가장 큰 힘은 늘 '체제의 바깥'을 생뚱맞게 사고하고 상상했기 때문이다. 인간이 삶의 노예가 아니라 스스로 '삶의 주인'이 되기를 사유했기 때문이다. 오죽하면 월드스타가 된 가수 싸이도 '강남스타일'이란 노래에서 "근육보다 사상이 울퉁불퉁한 사나이"를 외치지 않았는가.

# 철학 있는 학교, 이제 '슬로스쿨'로 가자

프랑스인들은 세계에서 가장 지적인 국민이라는 자부심 속에서 살아간다. 그 근저에는 철학이 있다. 프랑스는 대입 시험에서 유일하게 철학 시험을 보는 나라다. 어떤 계열이든 상관없이 철학은 필수고, 프랑스어와 함께 가장 배점이 높다. 그러다 보니 프랑스의 고3 수험생들은 철학 시험 준비에 심혈을 기울인다. 200년 전통의 프랑스 입시인 바칼로레아의 철학 시험은 하나의 정답을 요구하지 않는다.

바칼로레아 철학 시험에 나오는 문제들은 '정상적인 것과 비정상적인 것의 경계를 규정할 수 있는가?', '신이 없다면 모든 것이 허락되는가?'와 같은 추상적이고 관념적인 주제를 다루기 때문에 어떤 텍스트를 일방적으로 외워서는 답할 수 없다. 따라서 철학 시험에 대비하려면 많은 사람과 다양한 주제로 끊임없이 토론하며 사고의 폭을 넓혀야 한다. 철학은 프랑스 지성의 토대이자, 문화와 예술의 뿌리다.

미국에서는 20년 전부터 교육 개혁 운동이 전개되고 있다. 이 운동의 가장 핵심적인 내용이 바로 어린이 철학 교육이다. 특히 논리교육을 많이 강화하고 있다. 철학의 기본이 논리이기 때문이다. 그런데 철학교육을 받은 어린이들이 아주 윤리적으로 변한다고 한다. 논리적 일관성을 잃으면 윤리적으로도 곧바로 문제가 생긴다. 윤리교육만 한다고 해서 아이들이 윤리적으로 발전하지는 않는다. 논리교육이 밑받침된 윤리교육, 즉 생각하는 윤리교육이 매우 중요하다.

그러나 우리의 교육과정은 1970년대의 교육 패러다임에서 거의 한 발짝도 벗어나지 못했다. 천편일률적으로 같은 복장에 같은 머리 모양, 같은 교실에 앉아 주입식으로 받아들이는 교육방식은 분명 산업화 시대에 잘 어울렸던 교육유산이다.

## 인성교육의 오아시스〈철학〉 하는 경기도 중학생들

"나는 어디에서 태어났어요?" "왜 학교에 꼭 다녀야 하나요?" "죽는다는 게 무슨 뜻이에요?" "왜 누구는 부자고 누구는 가난한가요?" 인간 존재의 근본적인 문제들에 의문을 제기하는 어린이의 질문에 대해 어른들은 과소평가해왔다. 예컨대 "나는 어디에서 태어났어요?"라는 물음은 부모들이 흔히 생각하듯 임신에 대한 것만은 아니다. 내가 존재하지 않았던 시대

2012년 경기도교육청 발간 중학교 철학교재. 중학생용 철학 교과서 『더불어 나누는 철학』을 독자적으로 제작해 각 학교에 배포했다.

와 세계 그리고 존재하지 않을 시대와 세계가 있다는 걸 알게 되면서 겪는 혼란과 밀접한 관계가 있다. 어린이에 대한 철학교육은 플라톤이나 데카르트 같은 철학자들의 사상을 교육하는 게 아니다. 이렇듯 꼬리를 물고 이어지는 의문에 아이들 스스로 답을 찾아갈 수 있도록 안내하는 길잡이다.

경기도교육청은 비판적 사고력과 인성을 기르고자 중학생들을 대상으로 철학 교육을 하고 있다. 일차부등식과 덧셈·뺄셈으로 왕따가 왜 나쁜지 배운다. 또 함수와 그래프를 통해 내 꿈이 무엇인지 생각한다.

교사들은 철학 교과서 관련 내용을 활용하면서 해당 교과를 가르친다. 예컨대, △철학 '학교는 왜 다녀야 하나요.' 단원과 도덕 '도덕적 주체로서의 나'를 △철학 '잘난 친구를 보면 왜 미울까요?' 와 국어 '공감과 배려'를 △철학 '왜 사람 차별하느냐고요.' 와 영어 '다양한 문화권의 일상생활'을 △철학 '욕하면 왜 안 되나요.' 와 한문 '언어생활과 한자 문화' 단원을 연계한다.

철학 교과서의 '어른처럼 사랑하면 안 되나요?'라는 대단원은 도덕의 '청소년 문화와 윤리', 과학의 '우리 몸의 구조와 기능, 생식과 발생' 단원과 연계시키고 '내 꿈은 무엇일까요?'라는 철학 단원은 기·가 '진로 탐색과 생애 설계, 진로와 직업' 수학의 '함수와 그래프' 단원 등과 연결해 수업을 진행한다. 이 역시 몸의 구조와 기능 등을 가르치면서 청소년기의 이성관계가 가져올 수 있는 문제점과 올바른 이성관 등을 심어주고, 함수를 통해 현재의 생활과 미래 자신의 꿈 실현 여부에 대한 함수 관계 등을 설명하겠다는 구상이다.

사춘기에 정체성 혼란을 겪는 중학생 아이들은 고민하고 괴로운데 가정과 학교, 교사들은 외면하고 있다. 아이들한테는 삶의 절실한 문제인데 상의하고 해결할 방법이 없는 셈이다. 아이들에게 철학을 가르치면 자신과 타인, 공동체에 대해 생각하고 자아 정체성을 찾는 데 도움이 된다. 요즘 학교폭력 때문에 모두가 고민하고 있다. 그런데 근본적인 문제 해결 노력은 없이 학생부 기재, 징계위원회 회부 등 처벌 방안만 생각하고 있다. 학생들한테 다른 학생을 때리면 왜 안 되는지, 학교폭력이 왜 나쁜지에 대해 고민하게 하기 위해서라도 철학을 가르쳐야 한다.

충청북도 교육청은 성적 지상주의 교육으로 전국 일제 고사에서 3년 내리 1등을 차지했다. 대구 교육청도 이 정책에 따라 전국 수위의 성적을 올렸지만, 두 곳 모두 높은 청소년 자살률을 보였다. 그런데 비해 경기도 교육청에서 하는 철학 교육은 비판적 사고력과 인성교육의 오아시스가 되고 있다.

## 인문 교육은 초등 · 중등 교육부터 시작해야!

인문학에 관한 공부는 상상력이 지배하는 세상을 이끌어가는 힘이다. 그중 철학은 어제를 담아낸 용광로이자, 내일을 창출하는 무한 발전소가 된다. 대학 인문학의 위기는 곧 시민교육의 위기다. 소위 말하는 '문사철'은 돈은 안될지언정 인간의 근원적 삶에 대한 답을 주는 학문이다. 대학은 물론 중등교육까지 포함한 공교육 과정에서 인문교육의 부실이 발생시키는 폐해는 이루 말할 수 없다.

인문교육은 인문학 전공자를 길러 내기 위한 전문교육만을 의미하지 않는다. 인문교육은 근본적으로는 건강한 사회를 유지할 수 있는 덕목과 정신 자세와 행동 원칙을 기르도록 도와주는 교육이다. 사람이 사람답게 살 수 있는 사회를 만드는 데 필수적인 시민교육이 인문교육이다. 그래서 인문학의 위기는 학문의 위기이자, 한국 사회의 위기가 되는 것이다.

전공과 관계없이 대학생 전원이 일정 기간 인문교육 과정을 거치도록 해야 하는 이유가 인문교육의 이런 시민 교육적 성격 때문이다. 인문교육은 특정의 직업 분야를 겨냥한 훈련 과정 이상의 것이다. 법률과 의학, 이공 계열과 경상 계열 할 것 없이 대학 교육의 기본 과정으로 자리 잡아야 하는 것이 바로 인문교육이다. 또 인문교육은 대학에서만 필요한 것이 아니다. 근본적으로 초등 학교부터 중등 교육 전 과정에 폭넓게 도입되어 사람을 사람답게 길러 낼 수 있게 해야 하는 것이 인문교육이다.

인문교육은 완성 교육이기도 하다. 완성 교육이란 초등학교에서부터 대학까지의 각 교육 단계에서 상급 학교에 대한 진학을 준비하기보다 각각의 단계에 적합한 목표를 실현하고 사회 진출에 대비하는 교육을 말한다. 이런 중요한 인문교육이 지금 우리의 중등교육과 고등교육 과정에서 파탄을 겪고 있다. 인문교육과 완성 교육은 '슬로스쿨'의 중요한 키워드다.

광복 이후, 민주교육 운동에 중요한 구실을 한 것은 미국의 철학자 존 듀이의 사상이었다. 당시 '새교육 운동'에 큰 역할을 담당한 것도 미국의 진보적 교육이다. "교육의 재건은 철학에 있다"는 존 듀이의 교육철학을 재조명할 때다. 진보와 보수를 통섭하며 진화하는 '제2 새교육 운동'이 필요한 때가 됐다.

대한민국 교육을 살리는 가장 확실한 방법의 하나는 철학을 가르치는 일이다. 지금을 놓치면 미래를 잃는다. 전국의 모든 중고등학교가 하루빨리 철학을 필수과목으로 가르쳐야 한다.

기본적인 가치 기준마저 흔들리고 민주주의의 위기, 생태계 파괴 등 우리의 삶에 대한 근본적인 성찰을 요구하는 난제가 대두하는 상황이다. 무엇보다 철학 교육은 기성 가치에 끊임없이 의문을 제기하고 새로운 길을 모색하도록 이끌어준다.

특히 '철학 없는 자본주의' '철학 없는 사회'라는 자성의 목소리가 높은 우리나라에서는 청소년을 위한 철학 교육 도입이 시급하다.

아이들과 철학을 시작하기에 앞서, 먼저 철학 자체와 아이의 철학적 사고 능력에 대한 어른들의 편견을 깨는 것이 중요하다. 무엇보다 고대 그리스의 플라톤부터 이어져 온 뿌리 깊은 생각, 곧 철학은 지고의 학문으로 심오한 배경 지식을 갖추고 상당한 수련을 거친 사람만이 할 수 있다는 고정 관념이 가장 큰 걸림돌이다.

'슬로스쿨'은 빠른 것이 미덕이 된 우리 사회의 비판적 성찰 속에서 태어났다. 그리고 그 중심에 철학이 있다. 철학 없는 사회에서 철학을 외친다. 그래서 삶을 사랑하는 기술인 철학을 권한다. 철학은 그 어떤 꽃보다 아름답다. 철학을 가르치는 학교, 이제 '슬로스쿨'로 가자.

# 02
# 대한민국 교육별곡

어쩌다 학교가 설국열차가 되었을까?

민주화? 청소년 유혹하는 '일베'의 덫

역사교육, 이의 있습니다!

나는 강남 부모다. 돼지 엄마를 아시나요?

〈레미제라블〉, 레밀리터리블, 그리고 레스쿨제라블 단상

권불십년 · 교육백년

## 어쩌다 학교가 설국열차가 되었을까?

"왜 우리는 교육을 받을수록 멍청해지는가?" 미국 뉴욕 맨해튼 공립학교 교사 출신인 존 테일러 개토(John Taylor Gatto)가 던지는 도발적인 명제다. 훌륭한 교사상을 네 차례나 받았던 30년 경력 교육 운동가는 저서 『바보 만들기』에서 교사가 저지를 수 있는 '일곱 가지 죄'에 대해 말한다.

도대체 대다수 사람은 왜 공부를 교실에서 '도'가 아니라 교실에서 '만' 해야 한다고 생각할까. 아이들은 아무 의심도 품지 않고 기꺼이 교실에 갇힌 채 지낸다. 아이들을 교실에 '구속'시킨 죄가 크다. '무관심'의 죄도 있다. 교사들은 아이들에게 그 무엇에든 지나친 관심을 두지 않도록 한다. 자유로운 감정 표현과 의사 표시는 되도록 지양하도록 한다. 교과 내용과 그 시행 방법도 제멋대로다. 무엇을, 어떻게 공부할 것인가 하는 지적 의문과 같은 것도 가질 필요가 없다. 교사가 알아서 다

영화 〈설국열차〉 중 교실 이미지

떠먹여 주기 때문이다. 그 어떤 경우든 평균적인 의식을 소유하고 있는 교사는 튀는 아이들을 별로 좋아하지 않는다. 획일과 통일을 강조하는 학교 제도가 아이들의 개성을 뿌리 뽑게 된 연유다.

개토는 저서 『바보 만들기』나 『교실의 고백』에서 "국어를 하다가 갑자기 종이 울리면 수학을 하고, 또 종소리가 울리면 영어를 하고, 이렇게 짜인 틀 속에 반복을 거듭하는 학습은 학생들로 하여금 틀 속에 길들이는 게 아닐까?" 하고 반문한다. 학교가 아이들에게 스스로 생각하는 힘을 키워주지 않고 있다. 그래서 우리는 교육을 받을수록 멍청해지고, 결국 바보가 되고 만다라고 말하는 것이다.

## 1%와 99% 사이를 달리는 대한민국 설국열차

영화 〈설국열차〉가 화제다. 영화에서 관심을 끄는 것은 통제 수단이 된 교육이다. 아이를 대상으로 하는 왜곡된 세뇌, 주입식 교육을 통해 가장 효과적으로 지배 이데올로기를 공고하게 유지한다.

열차 '앞칸'은 가진 자, 갑의 대명사다. 앞칸 학생을 대상으로 한 왜곡된 교육을 통해 카스트제도와 같은 계층구조를 당연시하고, '꼬리 칸'을 천대하도록 가르친다. '교실'은 허상과 공포를 심어 사회 시스템을 유지한다. 교육이 권력자와 지배체제를 찬양하고, 독재를 정당화하는 수단이 된다.

대한민국 학교가 그렇다. 학교 시스템은 설국열차의 객실 같은 차등적인 학교 구별부터 시작된다. 상위 1%의 아이들이 다니는 국제 학교나 특목고, 그리고 나머지 99%가 다니는 일반 학교로 나뉜다. 전국의 모든 학교, 모든 학생이 학업 성적과 입시 결과로 한 줄로 서 있는 나라가 대한민국이다. 하위 80%는 상위 20%에 속하려고  발버둥친다. 상위 20%는 하위 80%로 떨어지지 않으려고 치열한 경쟁을 벌인다. 공부 잘하는 아이와 그렇지 않은 아이들은 노골적인 차별 대우를 받는다.

학교에서 이루어지는 일상의 교육은 '전쟁'이다. 팍팍한 세상을 핑계로 현실에서 뒤처지지 않는 처세와 영악함을 가지라고 아이들을 다그친다. 학교에 남아 있는 아이들은 교과서가 던져주는 잡다한 지식을 사료처럼 받아먹는다. 입시에 종속된 수업은 철저하게 문제 풀이 기술을 익히는 기계적인 공정을 따른다. 합리적인 분석이나 비판은 무의미하다.

전 세계적으로 사회·경제적 불평등과 양극화가 갈수록 심해지고 있다. 우리나라는 특히 더하다. 신분 상승, 사회적 계층 이동의 수단이 됐던 교육 기회의 평등성마저 무너지면서 사회·경제적 불평등은 더 굳어지는 추세다. 개인의 능력보다는 부모의 '소득'과 '배경'이 교육 불평등을 낳고, 또 대물림된다. 개천에서 용 나기는 점점 어려워지고 있다.

## 학교 비정규직은 꼬리 칸 승객인가?

더불어 학교 현장에는 전산, 사서, 사무, 교무, 과학, 영양사, 조리사, 조리원, 배식, 예체능 강사 등 다양한 비정규직 근로자가 종사하고 있다. 그들은 정규직으로의 전환을 바라지만, 우선 최소한 무기계약직 전환과 함께 호봉제 도입을 간절히 바란다. 학교 비정규직은 교육 현장에서 뿌리 깊은 차별과 멸시 속에 놓여 있다. 법의 사각 지대에서 몸이 아파도 제대로 쉴 수 있는 권리조차 박탈당하고 있다. 고용 불안과 열악한 노동 환경에 처한 근로자들이 절반이나 되는 교육 환경 속에서 교육의 질 개선은 공염불에 불과하다.

현재 비정규직에 적용되는 연봉제는 일당제와 다름없다. 호봉제를 적용하는 정규직과 비교할 때, 오래 일할수록 오히려 임금 격차가 벌어진다. 호봉제일 경우, 장기간 근무한다면 최소한의 임금상승을 기대할 수 있다.

호봉제 성사를 위해서는 그에 상응하는 예산이 소요되고, 재원마련이 필요하다. 교육청은 일단 교육청 차원에서 해결할 수 있는 사항이 아니라는 태도다. 학교 회계직원이라는 정체불명 명칭 대신 '교육공무직제'를 법제화하자는 목소리도 높다. 교육기관 종사자로서 최소한의 소속감과 사명감을 높이려면 '교육 공무직원'이 자연스럽다.

영화 〈설국열차〉 중 교실 이미지

지자체 차원에서는 직접 고용 조례를 제정해 사용자가 교육감이라는 점을 명확하게 해야 한다. 학교장이 노무관리 주체가 될 수는 없다. 이미 경기, 강원, 광주, 전남북, 울산, 제주 등에서는 직접고용 조례가 만들어졌다.

교육감의 정책의지에 따라 전시성, 사업성 예산을 재편성한다면 재원 문제도 얼마든지 해결할 수 있다. 또 '사회복지공동모금회'처럼 '교육복지공동모금회'를 설립해 기부금 등으로 부족한 재원을 충당할 수 있다. 헌법에서 보장한 단결권, 단체교섭권, 단체행동권 등 근로기본권 3권도 '교육협동조합'을 통한다면 노사문제도 어렵지 않다.

학교 비정규직 처우개선은 정상적인 공교육 발전에 필수적이다. 학교 비정규직은 엄연한 학교 교육의 한 주체다. 이제 더 이상은 '을', '꼬리 칸' 승객이 되어선 안 된다. 그들 또한 학부모이고, 이웃이다. 아이들에게 학교에서부터 적나라한 차별행위와 신분적 차이를 보고 자라게 할 순 없지 않은가.

그렇다면, 우리 아이들이 설국열차와 같은 학교에서 벗어나려면 어떻게 해야 하나? 학생중심의 교육을 위해선 꼬리 칸 승객이 앞칸으로 옮겨 앉는 것 정도로는 안 된다. 평균과 획일과 통일을 강조하는 학교, 대량 생산 경제를 본뜬 학교는 비판적 사고를 할 줄 모르는 우둔한 학생을 양산할 뿐이다. 교육 생산자, 즉 교육 당국은 교육 소비자에게 선택과 결정의 자율권을 최대한 많이 주어야 한다.

사교육에 의존할 수밖에 없는 대입제도, 복잡한 대입전형, 취업준비를 위한 온갖 스펙 쌓기 등은 개인의 능력만으로 감당하기가 어렵다. 소득 계층별 격차가 교육 기회의 불평등을 일으키고, 소득불균등을 확대 재생산하는 구조는 교육 정책이 잘못됐기 때문이다.

교육 격차를 심화시키는 교육제도와 정책은 근본부터 뜯어 고쳐야 한다. 교육 격차 해소를 위해 '교육 평등 지표'를 만들어 국가 차원의 적극적인 개입과 효율적 제도 개선에 나설 때다. 무너지는 교육 평등, 더는 내버려둬서는 안 된다. 영화 설국열차는 교육 격차를 해소하려면, 학교의 근본 패러다임부터 바꿔야 한다는 것을 깨닫게 해 준다.

# 민주화?
# 청소년 유혹하는 '일베'의 덫

일본의 침략 역사 왜곡과 더불어 몇몇 극단적인 인터넷 사이트를 중심으로 민주화 운동 왜곡이 기승을 부리고 있다. "5 · 18 민주화운동은 유신 체제에 반대하는 사람들이 광주에 모여 민주화 운동을 한 사건." "5 · 16 군사쿠데타는 박정희 독재 정권에 반대하여 전두환이 일으킨 쿠데타." 2013년 5월, 모 언론사가 서울 시내 한 고등학교에서 한국 현대사를 설문조사한 결과다.

전두환 전 대통령은 "전두환이 5월 16일에 군사를 이끌고 사람들을 무참히 죽인 것" 등 5 · 18과 혼동한 내용을 답하거나, 언론 보도 등에 많이 등장하는 "통장에 몇십만 원밖에 없는 사람" 등으로 답한 학생들이 많았다.

현재 상당수 고등학교에서는 한국사를 한 학기에 마치도록 교육과정을 운영한다. 이런 탓에 주요 사건과 인물을 둘러싼 시대 흐름과 배경 등을 살피며 수업할 틈이 없다. 반만년 역사를 한 학기에 '뚝딱' 해치우듯 가르친다. 이렇다 보니 일제 강점기나 전두환 정권과 5·18의 관계 등 중요한 근·현대사 내용을 잘 모르는 학생이 많다. 사실상 드라마나 영화·만화, 웹툰 등으로 현대사를 배우는 실정이다.

## 영화·만화가 역사 선생님 역할

요즘 인터넷과 청소년들 사이에서 '일베'가 유행하고 있다. '일베'는 일간 베스트의 줄임말이다. 디시 인사이드에서 파생된 사이트로, 인터넷 커뮤니티 1위를 달리고 있다. '오유(오늘의 유머)와 함께 지난 대선 때 국정원 여직원이 댓글을 달았던 극우 성향의 인터넷사이트라고 말하면 쉽게 이해가 된다.

'일베'의 정치 게시판은 정치에 관한 글이 올라오는 곳이다. 험악한 말이 오가기도 하고 때로는 동의하거나, 몰매를 던지기도 한다. 정치적 내용이지만 말도 안 되는 자신의 주장만 내세우는 것이 많다. 이곳을 중심으로 극우적 역사관과 정치관이 인터넷을 통해 독버섯처럼 퍼지고 있다. 요즘에는 5·18 민주화운동의 왜곡과 고 김대중·노무현 전 대통령 비하 등 일베 사용자들의 비상식적인 일탈행위에 대해 우려와 비판의 목소리가 높아지고 있다.

심지어 TV조선과 채널A 등 일부 종편에서 5·18 광주 민주화

운동에 북한군이 개입했다는 내용의 방송을 내보냈다. 조선 종편과 동아 종편은 5 · 18 광주민주화운동이 "북한의 주도면밀한 계획하에 벌어진 폭동"이며, "전남도청을 접수한 시민군이 사실은 모두 북한군이었다"는 등 '북한 개입설' 음모론을 마치 사실인 것처럼 방송했다.

일베 사이트의 5 · 18 비하 게시물

때맞춰 '일베'에서 5 · 18은 폭동이라는 주장을 펴면서 더욱 부채질했다. 극우 보수라고 평가를 받고 있는 조갑제 씨가 북한군 개입설은 사실이 아니라며 반박하자, 이번에는 "조갑제도 좌파 종북"이라고 몰아붙이는 웃지 못할 일이 일어나고 있다. '일베'에서는 5 · 18 희생자를 수산시장 홍어에 비유하면서, 시신의 관을 홍어 배달 상자로 조롱했다. 계속되는 5 · 18 폄하에 참다못한 5 · 18 기념재단과 광주광역시는 마침내 소송 등 강력 대응에 나섰다.

일상생활에서도 '일베어(語)'는 청소년 사이에 유행처럼 번지고 있다. 일베의 영향력이 갈수록 커지면서 학생들도 거부할 틈조차 없이 '일베어'에 노출되고 있다. 인터넷 공간에서 청소년들 언어의 유희는 상상을 초월할 정도다. 일베에 직접 들어

일베 사이트

가지 않는 학생들도 일베어를 거리낌 없이 사용하고 있다. 이 와중에 유명 걸그룹 멤버도 적절하지 못한 '민주화' 발언으로 한바탕 사회적 물의를 빚었다.

일베에서 '민주화'라는 단어는 '자신과 생각이 다른 소수를 집단으로 억압 또는 폭행하거나 언어 폭력을 하는 행위'란 뜻으로 사용된다. '비추천' 같은 부정적 용도로 쓰이고 있는 것이다. 원래의 뜻을 왜곡하거나 전혀 다른 뜻으로 사용하는 '일베 용어'는 예전부터 우리 사회의 큰 논쟁거리였다.

'운지'는 노무현 전 대통령의 서거를 비하하는 대표적 일베어다. 청소년들은 '아래로 떨어진다'거나 '상황이 나빠졌다'는 의미로 사용하고 있다. '전라디언'은 호남인을, '김치년'은 한국의 젊은 여성을 비하하는 말이다. '삼일한'은 '여성은 삼일에 한 번씩 때려야 말을 듣는다'를 줄인 용어다. '통수'는 뒤통수를 줄인 것으로, 전라도 사람들은 믿을 수 없다는 뜻으로 쓰인다.

## 삼사일언(三思一言), 항상 세 번 생각하고 한 번 말한다

세간에서 흔히 통용되는 비속어는 노래 '강남스타일'과 같은 'B급' 언어다. 예를 들어 '쩐다, 쩔어요'라는 말은 잘한다, 멋지다는 뜻이다. '쩐다'는 인터넷 게임 피망 스페셜 포스에서 나온 신조어로 한 가지 일에 능통하다는 것을 뜻한다. 풀이하자면 '쩐다=멋지다, 잘하다.' '쩔어요=멋져요, 잘해요.' 와 같이 해석할 수 있다. '쩐다'는 이제 한 인터넷 게임의 단어를 넘어, 신조어로 자리 잡았다.

'폼나다', '멋지다'는 뜻으로 쓰이는 '간지나다'는 담배 한 대를 입에 문 노무현 전 대통령의 사진과 함께 '노간지'라는 별명으로 널리 퍼졌었다. 그러나 일베에서 사용하는 대부분 용어는 재미로 웃고 넘기기엔 극단적 폭력성과 특정 지역과 진영에 대한 비하가 노골적으로 드러나 있다.

'개드립' 게시판도 있다. 쉽게 말해 드립이란 개그이다. 즉흥적 연주나 대사(ad Lib)에서 나왔다. 청소년들이나 인터넷에선 많이 통용된다. 개드립이란 두 가지 뜻으로 나뉜다. 재미가 없거나 어이없는 개그 등 웃기지 않는 것이 개드립이다. 드립은 그저 웃기려고 하는 모든 개그를 통칭하고 있다. 예컨대 성적인 개그를 '색드립(즉흥적 성적 농담)'으로 표현한다. '짤방'은 잘림 방지용 게시물을 말한다. 재미없는 글만 쓰면 게시판 운영자가 삭제할지 모르니 흥미 있는 사진 등을 올리는 게시판이다.

비속어 문제는 어제 오늘의 일이 아니며 항상 문제시되어 왔다. 각종 인터넷, 방송, SNS 등 매체의 발달로 많은 정보와 사회 문제들이 여과 없이 전달된다. 어느 때나 있는 비속어 문제는 언어 폭력의 대명사로 확대되어 갈수록 심각하게 받아들여 지고 있다. 이러한 언어의 천박함은 학교에서 더욱 심각하다.

예전에 욕은 불량한 학생이나 질이 낮은 학생들의 전유물이었다. 그러나 지금은 누구나 막론하고 욕을 한다. 욕의 전성 시대가 된 것이다. 욕의 본질은 저주다. 욕 대부분은 성적이고 퇴폐적인 내용이며 일부분은 저주로 되어있다.

소크라테스는 말을 하기 전에 체로 세 번 걸러야 한다고 했다. 이해인 수녀는 '언어를 위한 기도'란 시에서 '참으로 아름다운 언어의 집을 짓기 위해 언제나 기도하는 마음으로, 도를 닦는 마음으로 말을 하게 하소서'라고 말했다. 독일의 실존주의 철학자였던 하이데거의 말을 빌리면 '언어는 존재의 집'이다. 존재는 언어를 통해 나타나고 표현된다.

충청도 사람들은 말이 느리다. 경상도 사람들은 말이 굉장히 빠르다. 언어가 곧 존재다. 존재는 곧 말로 표현되며, 행위는 말에 관한 책임을 지는 것이다. 막말이 유행하고 퇴폐적이고 저주의 말이 사람들의 정신을 무너뜨리고 있다. 언어 파괴는 곧 정신의 파괴를 뜻하며, 머지않아 도덕의 파괴를 예견한다. 언어와 행위는 전혀 다르지 않다.

언행일치의 삶을 통해 자신이 말한 것을 책임지고 말의 실수가 없도록 재고하고 숙고해야 한다. 이해인 수녀의 말을 다시 빌리면 말은 씨와 같아서 수없이 뿌려놓은 말의 씨앗이 열매를 맺어 우리 앞에 다시 돌아오게 된다. 사도 바울은 저주하지 말고 '축복하라'고 권면한다. 비속어는 쓰지 말아야 하는 것이 아니고 알고 써야 한다. 알면 덜 쓰게 되기 때문이다.

### 역사를 잊은 민족에게 미래는 없다.

일베를 하는 것 자체에 대해 비난할 수는 없다. 하지만 가뜩이나 중고교나 대학의 정규 교육 과정에서 우리 역사의 비중이 줄어들고 있다. 청소년들이 왜곡된 역사 인식을 무분별하게 받아들일 수 있다는 우려가 커지고 있다. 왜곡된 역사관이 광범위하게 유포되고 있지만, 일선 학교에서 근·현대사 교육은 오히려 뒷전으로 밀려나 있다. '민주화'라는 단어를 부적절하게 사용하는 아이돌 그룹의 잘못된 역사의식이 단적인 예다.

'독도는 우리 땅'을 외치며 일본의 역사 왜곡에는 치를 떨면서, 정작 우리 국사에는 관심이 없는 모순적인 세태다. 청소년과 연예인의 무지를 탓하기보다, 교육 당국과 어른들이 우리의 역사 알리기 노력이 부족했던 것은 아닌지 자성하는 계기가 됐으면 한다.

민주주의 국가에 살면서 '민주화'를 일그러진 뜻으로 사용하는 시대다. 역사를 왜 공부하는지부터 말해 줘야 한다. 대한민국의 긍지와 자부심을 먼저 알려 줘야 한다. 그것 없이는 역사교육은 아무런 의미가 없다. 봉화마을을 다시 찾았다. 고려 멸망의 허무함을 절절하게 표현한 야은 길재의 시조처럼 산천은 의구한데 인걸은 간데없다. 그럼에도, 봉화마을은 여전히 계속 진화하고 있었다.

원 이미지보기

학생: 선생님 역사는 왜 배우는거에요?
선생님: (꿀밤) 배워야지
학생 : 아! 왜 때려요!!
선생님 : (꿀밤) 어쭈 이것봐라 피했네.
학생 : 아 왜 자꾸 때려요 역사는 왜 배우냐니까요!!
선생님 : 니가 나한테 맞았던 걸 기억하지 못했다면, 두번째로 때렸을 때 피할 수 있었을까?

역사를 잊은 민족에게는 미래란 없다.

우리가 역사를 배워야 하는 이유

# 역사교육,
# 이의 있습니다!

"역사를 잊은 민족에게 미래는 없다." 단재 신채호선생의 말이다. 선생은 '조선상고사'에서 역사 교육의 중요성을 이렇게 강조했다. 제대로 된 역사를 배우고 익히지 않으면 개인이든 국가든 발전할 수 없고, 국가 정체성 또한 바르게 세울 수 없다는 꾸짖음이다.

한때 인터넷상에 '역사를 배워야 하는 이유'라는 게시물이 올라와 많은 이들의 시선을 사로잡았다. 게시물 속에는 태극기 사진과 함께 학생과 교사가 나눈 짧은 대화내용이 올라와 있다. 이들 사제가 나누는 대화의 주제는 '역사는 왜 배워야 하는가?'. 학생이 "역사는 왜 배워요."라고 묻자 교사는 갑자기 꿀밤을 때린다. 학생이 "왜 때려요"고 반문하자 교사는 다시 꿀밤을 때린다.

계속되는 교사의 꿀밤에 학생은 "왜 자꾸 때려요"라고 항의

한다. 그러자 교사는 "네가 나한테 맞았던 것을 기억하지 못했다면 두 번째 때렸을 때 피할 수 있었을까?"라고 답한다.

교사의 대답에는 천 마디 만 마디 말보다 역사 교육의 중요성이 담겨있다. '역사'를 안다는 건 그래서 참 중요하다. 역사는 공동체의 기억이다. 과거를 바탕으로 미래를 볼 수 있기 때문이다. 기억상실증에 걸린 사람이나 역사를 되돌아보지 않는 공동체나 자신을 잃어버리긴 마찬가지다. 개인적으로 자신이 걸어온 길을 더듬어보는 것만큼이나 공동체의 역사를 되짚어보는 역사의식이 중요한 이유다.

역사를 통해 과거를 되돌아보면서 앞으로 어떤 방향으로 나아가야 하는지 알 수 있다. 우리가 역사를 배워야만 하는 이유가 바로 여기에 있다. 과거가 미래의 거울이기 때문이다.

## 안중근 의사가 '도시락 폭탄 던진 테러리스트'?

역사에 대한 무지가 걱정을 넘어 심각한 수준이다. 3·1절, 한국전쟁도 모르는 학생이 속출하고 있다. 한 나라의 역사를 배우는 것은 당연한데, 국사가 수능에서 선택과목이 된 것이 큰 원인이 됐다. 3월 14일 화이트데이는 알아도 3·1절은 삼점일절로 발음한다. 어떤 학생은 '야스쿠니 신사'를 아느냐는 물음에 "신사숙녀의 신사인 것 같다. 가수의 사이 노래처럼 젠틀맨 아닌가요?"라고 대답해 충격을 줬다. 우리 공교육의 무책

임함이 통탄할 현실로 다가온 것이다.

10대와 20대의 60%가 한국전쟁이 어느 연도에 일어났는지 모르는 세태다. 학생들에게 '이순신' 하면 어떤 것이 떠오르느냐고 물으면 KBS 인기드라마 '최고다 이순신'의 주인공인 가수 아이유를 떠올리는 경우가 더 많았다고 한다.

오히려 TV 예능 프로그램이 역사 교육을 걱정하는 시대다. 한 TV 프로그램에서도 역사 공부의 중요성에 대해 언급해 주목을 받았다. 야스쿠니 신사는 우리의 현충원 같은 곳과는 다르다. 그곳은 태평양 전쟁을 일으킨 1급 일본 전범들을 신격화해 둔 곳이다. 일본 야스쿠니 신사 참배, 독도 문제, 동북 공정 등 역사와 관련된 국제 분쟁이 끊이지 않고 있는데도, 정작 우리나라 사람들은 역사적 사실에 대해 무지하다.

오히려 무한도전의 개그맨들이 역사교육이 입시나 취업에 도움이 안 된다며, 쓸모없다고 여기는 한심한 권력자들의 행동에 반기를 들고 역사 교육이 왜 필요한지, 우리가 왜 역사를 공부해야 하는지 일깨워 줘야만 하는 현실이 슬프다.

역사 교육 방식에도 문제가 있다. 이명박 정부는 국격을 강조했지만, 국민이 자긍심을 가질 수 있는 역사교육은 만나지 못했다. 수능에서도 역사는 선택과목으로 전락했다. 학생들에게 잘못된 역사관을 심어준 교육 당국은 분명 반성해야 한다.

역사 교육을 강화하려고 한국사 과목을 수능 필수과목으로 지정하는 것만이 능사는 아니다. 우리나라 교육 특성상 입시

SBS 뉴스의 한 장면

를 위해 무조건 외우라는 암기식의 강의, 강제성 교육이기에 학생들 처지에서도 거부감이 있다. 이런 교육 방식으로는 역사 자체를 꺼리는 현상이 심해질 수밖에 없다. 국사를 수능 필수 과목으로 지정하는 것도 중요하지만, 암기만을 강요하는 형식보다는 청소년에게 역사 교육의 당위성을 일깨우고, 우리나라의 역사를 이해하게 하려는 교수학습 방식 개선이 동반되어야만 한다.

단순한 역사교육 강화가 아니라 바르게 교육하는 것이 중요하다. 장기적으로 역사를 어떻게 잘 가르치고 배울 것인가, 역사의식 강화를 어떻게 이룰 것인가에 대해 역사, 사회, 교육계가 모두 합의할 방안을 도출하지 않는 한 역사교육 강화 논의는 공염불에 불과하다.

## 인문교육의 위기 속 거꾸로 가는 대한민국

한반도를 둘러싼 중국과 일본의 역사 왜곡 행태와 그릇된 역사인식은 어제오늘의 문제가 아니다. 국제정세, 특히 동북아시아 정세는 격변을 거듭하고 있다. 중국은 주로 고구려와 고조선을 비롯한 우리 고대사를, 일본은 최근의 우경화 추세와 맞물려 침략과 관련한 근현대사를 왜곡하는 데 열을 올리고 있다.

고구려를 중국의 지방정권으로 깎아내려 중국사에 편입시키려는 중국의 '동북공정' 사업은 2007년 공식적으로 종료됐지만, 그 영향은 현재진행형이다. 중국은 조선족 등 소수 민족의 정치적 분열과 혼란을 막고자 내부적으로 이 같은 인식을 확산하고 있다. 일본의 역사 왜곡 대상은 주로 종군위안부와 독도 영유권, 식민지배 등이다. 일본 정치권의 망언 수위는 여전히 심각하다.

우리나라 역사만큼은 우리가 관심을 두고 확실하게 알아야 함은 물론 자긍심과 자부심을 품어야 한다. 역사를 통해 우리는 과거 우리 조상이 해왔던 일들을 알 수 있고, 그 속에서 지혜와 배움을 얻을 수 있다.

지금 우리가 누리는 평화와 풍요는 결코 그냥 주어진 것이 아니다. 순국선열과 호국 영령들의 희생과 헌신 위에 만들어낸 기적의 역사다. 나라를 위해 목숨을 버린 사람은 가장 어리석지만 가장 현명한 '대우 대현'(大愚大賢)으로 존중돼야 한다.

역사를 통해서 도도하게 흘러온 주체적 창조력과 현명한 응전은 한국인에게 넘쳐난다. 문제는 그 창조력과 응전이 정치적으로 수렴되지 못하고 있는 것이 가장 안타까운 현실이다.

"네가 만약 늙은 어미보다 먼저 죽은 것을 불효라 생각한다면, 이 어미는 웃음거리가 될 것이다. 너의 죽음은 너 한 사람 것이 아니라, 조선인 전체의 공분을 짊어지고 있는 것이다. 네가 항소를 한다면 그것은 일제에 목숨을 구걸하는 짓이다. 네가 나라를 위해 이에 이른즉, 딴 맘 먹지 말고 죽으라. 옳은 일을 하고 받은 형이니 비겁하게 삶을 구걸하지 말고, 대의에 죽는 것이 어미에 대한 효도이다. 아마도 이 어미가 쓰는 마지막 편지가 될 것이다. 여기에 너의 수의를 지어 보내니 이 옷을 입고 가거라. 어미는 현세에서 재회하길 기대하지 않으니 다음 세상에는 선량한 천부의 아들이 돼 이 세상에 나오너라."

조 마리아 여사가 아들 안중근 의사에게 보낸 편지 일부다. 조 마리아 여사의 마지막 당부는 어느 역사적 교훈보다 강렬하다. 마치 교육 당국의 역사 교육정책을 강하게 질타하는 채찍과 같다. 시대의 무지를 깨우는 '죽비소리'로 들린다.

# 나는 강남 부모다. 돼지 엄마를 아시나요?

학원가에는 현실을 반영하는 씁쓸한 신조어들이 상당히 존재한다. 그중에서도 막강한 입시 정보를 가지고, 자녀를 명문대 입시를 위해 이 학원 저 학원으로 끌고 다니는 '돼지 엄마'는 사교육 시장에서 유명한 말이다. 한때는 치맛바람의 부작용을 질타했지만, 이젠 옛날 얘기다.

돼지 엄마라는 우스꽝스러운 별명은 뚱뚱해서 붙여진 것이 아니다. 자녀 교육에 투자를 아끼지 않는다고 해서, 혹은 여러 명의 엄마를 팀을 이뤄 새끼 돼지들을 데리고 다니듯 이끌고 다닌다고 해서 나온 강남 학원가의 은어다. 돼지 엄마는 주로 10명 남짓한 학생들의 엄마들로 팀을 이뤄 유명 학원강사에게 팀 단위로 수업을 맡기거나 입시설명회를 듣는 모임을 주도한다. 강남에서 공부 잘한다고 소문난 학교에서는 대개 반마다 대표 엄마(돼지 엄마)가 있게 마련이다.

돼지 엄마는 인기 강사가 최근 옮겨간 학원의 정보, 외고 아이들이 선호한다는 강사의 명단, 올 겨울방학 꼭 들어야 할 특강 정보까지 대치동 학원가의 최신 정보를 꿰뚫고 있다. 정보가 많다고 해서 다 돼지 엄마가 되는 것은 아니다. 돼지 엄마의 제1의 조건은 자녀의 성적이다. 최소한 반에서 1등을 놓치지 말아야 하며 '스카이'(SKY · 서울대 연세대 고려대)에 무난히 진학할 수 있는 성적을 유지하는 자녀만이 엄마를 돼지 엄마로 만들 수 있다. 돼지 엄마는 자녀에 대한 자부심이 세기로 유명한 대치동 엄마들 사이에서도 선망의 대상이다. 돼지 엄마들은 사교육 열풍과 학벌 세습, 양극화 조장의 중심에 서 있다는 비난을 벗어날 수 없다.

자녀에게 엄한 교육을 하는 '타이거 맘(tiger mom)'이나 시험장까지 따라가 자녀를 뒷바라지해 주는 '사커 맘(soccer mom)'도 일반적인 용어다. 대치동 학원 앞 주변 카페는 입시 정보를 교환하는 엄마를 지칭하는 소위 '카페 맘', '아카데미 맘'으로 북적인다. 이들은 어떤 학원이 어느 분야에 강한지 인터넷에 올리는 학부모 기자 역할도 한다. 엄마의 정보력에 따라 자녀의 스펙 관리가 좌우된다는 용어인 '엄마 사정관제' 역시 신조어다.

'아버지'와 관련한 은어 역시 만만치 않다. 엄마보다 더욱 열심히 입시 설명회를 따라다니고 자녀를 뒷바라지하는 '대치동 아빠'도 존재한다. '대치동 기러기'라는 말은 자녀를 대치동에 있는 학교에 보내고 싶어 부모 중 한 명이 대치동에 거주하는 학부모를 지칭하는 말이다. '대치동 기러기'가 살아가는 방식을 '대전(大傳 · 대치동 전세) 살이'라고 한다. 교육 환경이 좋다는 곳에는 위장 전입 사례도 적지 않다고 한다. 인기 있는 학교는 위장 전입 때문에 과밀 학급이 되는 부작용도 불러오고 있다.

## '맹모위장전입지교'보다 한술 더 뜨는 '나는 강남 부모다.'

대학 입학사정관제 도입 이후 더욱 치열해진 스펙 관리 경쟁은 강남을 더욱 뜨겁게 달구고 있다. 대학입학사정관제란 성적 위주의 획일적 선발 방식에서 벗어나 학생의 잠재력과 해당 대학의 설립 이념, 모집 단위 특성 등 다양한 요소를 고려한 선발 방식을 말한다. 이는 현재 전국 118개 대학에서 채택한 선발 방식으로 학교 생활기록부, 수능 성적, 각종 서류 등 다양한 전형 요소를 해석해 활용할 수 있는 대입 전형 전문가(입학사정관) 활용 체제를 구축하기 위함이 그 목적이다. 스펙 관리에 총력을 기울이는 이유가 바로 이 입학사정관 때문인 셈. 지원자는 지원하는 대학이 찾는 가장 '이상적'인 인재상이어야 한다는 말이다.

현재 우리나라 입시 전형의 대표적 2대 사례가 서울대 특기자 전형과 민사고 전형이다. 보통 '엘리트 코스'라고 하면 영어 유치원-사립 초-국제중-특목고-SKY를, '리더 코스'는 영어 유치원과 일반유치원의 혼합-일반 초(2년 정도 영어권 조기유학)-일반

중-특목고-SKY를 일컫는다.

'스펙'이라는 단어가 어색한 '아버지'들을 위해 잠시 입시에 필요한 언어와 수학 관련 스펙을 간단히 살펴보면, 영어공인 성적(IBT · TEPS), 제2외국어 공인점수(신 HSK · JLPT · DELE 등), 수학 관련(국내외 경시대회 등), 경제 관련(경시대회 · AP 등), 과학 관련(올림피아드 · 경시대회 · 프로젝트 등), 한국사 · 한국어 · 한문, 봉사 활동(환경 · 진로와 관련), 교내 활동(임원 · 동아리 · 교내 경시 수상 경력 등) 등을 꼽을 수 있다. 연세대 글로벌 리더 전형이나 고려대 특별 전형을 준비한다면 IBT 등 영어 관련 공인 성적 관리를 해야 한다는 답이 자연스럽게 나오게 된다.

이렇게 관리해야 하는 스펙이 한둘이 아니다 보니 입시가 다가올수록 발등에 불이 떨어져 조급한 부모들이 속출한다. 공인 성적을 제외한 스펙에서 경쟁이 가장 치열한 분야가 봉사활동이다. 800시간을 채우기 위해 주말마다 학생들이 봉사활동에 나서는 진풍경이 벌어지기도 한다. 스토리텔링도 중요해 전문 사진작가에게 활동 이모저모에 대해 촬영을 의뢰하는 것도 요즘 트렌드 가운데 하나다. 사정이 이렇다 보니 자기소개서 대리 작성한 것이 300만 원을 호가한단다.

오로지 내 자식 1등으로 키워내려는 교육에 대한 부모의 열정에 누가 돌을 던질 수 있겠느냐고 항변할 수도 있다. 부모가 명심해야 할 것은, 부족해 보이는 자녀의 스펙관리에 지나친 비용을 투자할 것이 아니라는 점이다. 자녀의 성격과 환경에 맞는 타고난 기질과 성격적인 조건을 고려하는 것이 무엇보다 중요하다. 스펙은 관리해야 할 숙제이기도 하지만, 어느 날 갑자기 '만들어진' 아이가 입학사정관의 눈에 얼마나 매력적인 학생으로 보일지 의문이다.

미국이나 영국에서 대학은 들어가는 게 중요한 게 아니다. 대학에 진학해서 스스로 공부해 졸업하기가 더 어렵다. '만들어진' 아이들은 설령 하버드를 간다 해도 제대로 졸업하기 힘들다. 능력도, 소질도 없는 아이를 개인과외 시키거나 유학 보내서 부모의 기대치에 맞추려 하다 보니, 웃지 못할 부작용이 생기는 사례가 적지 않다.

토머스 홉스(Thomas Hobbes)가 말한 "만인에 대한 만인의 투쟁", 정글의 법칙과도 같은 교육환경 속에서 학생들의 재능과 적성, 재미와 행복은 찾아볼 수 없다. 이것은 진정 교육(教育)이 아니고, 사육(飼育)과 경쟁만이 있을 뿐이다. 사육된 가축은 외부 충격을 견딜 내부적 DNA와 내공이 없다. 작은 전염병에도 쉽게 전염되어 죽을 수 있다.

자녀가 대학생이 됐음에도 그들을 아직 미성숙하다고 판단하는 부모들을 의지하는 대학생들이 과연 얼마나 성장해 나갈 수 있을까. 대학은 고등학교의 연장선상이 아니다. 누군가만을 의지하고 따라가는 것이 아닌 스스로 자신의 미래를 위해 투자할 수 있는 창구이다. 너무도 큰 치마폭 속에 둘러싸인 나머지 앞을 보지 못하는 20대가 되지 않기를. 스스로 돌아보는 시간을 갖는 것이 중요한 시점이다.

오래전 "개구쟁이라도 좋다, 튼튼하게만 자라다오"라는 광고 문구가 있었다. 교육의 목적은 목적지에 일찍 도착하는 데 있지 않다. 오히려 교육의 목적은 다양한 시행착오를 경험하고 우여곡절과 파란만장한 체험 속에서 스스로 깨달음을 얻도록 유도하는 데 있다. 있는 그대로 아이를 존중하며 욕심부리지 않는 것, 아이에게 끊임없는 격려와 응원을 보내주는 것, 그게 진정한 부모의 역할이다.

# 〈레미제라블〉, 레밀리터리블, 그리고 레스쿨제라블 단상(斷想)

2013년초 세계적으로 영화 〈레미제라블〉 열풍이 불었다. 그동안 『레미제라블』을 영화화한 적은 무려 30여 차례나 된다. 이 영화는 두 시간을 훌쩍 넘는 긴 상영 시간 동안, 대사 없이 노래로만 연결되는 'Song Through' 방식의 뮤지컬 영화로 세계인을 사로잡았다.

레미제라블(Les Misérables)은 불어로 '불쌍한 사람들'이라는 뜻. 우리나라에서는 '장발장'으로 잘 알려졌다. 프랑스 대문호 빅토르 위고의 명작 소설이다. 역사상 가장 유명한 소설 가운데 하나다. 『레미제라블』은 미완의 프랑스 혁명에 관한 이야기다. 혁명했는데도 삶의 근본적인 변화가 오지 않았다는 내용을 담고 있다. 봄이 왔건만 봄 같지 않은 춘래불사춘(春來不似春)이다.

『레미제라블』은 1832년 프랑스의 6월 혁명을 배경으로 한

영화 〈레미제라블〉의 한 장면

다. 위고는 프랑스 민중의 비참한 삶을 반추해 보며 '인간의 죄와 구원에 대한 실천적 해법은 과연 무엇인가?'에 답을 주고자 했다. 하지만 이 작품을 완독한 사람은 뜻밖에 많지 않다. 축약이나 각색이 아닌 무삭제판 『레미제라블』을 접한 사람은 두 번 놀란다. 첫째 그 많은 양에 놀라고, 둘째 그 유명한 줄거리가 빙산의 일각에 불과하다는 사실에 놀란다. 장발장의 이야기는 이 소설에서 3분의 1가량에 불과하다. 나머지 3분의 2는 19세기 초 프랑스 사회와 풍습, 그리고 다양한 문제에 관한 위고의 견해가 서술됐기 때문이다

위고는 주인공 장발장이라는 사람을 통해 법률 · 관습 · 풍속 때문에 사회적 처벌이 생겨나고, 이 처벌로 문명의 한복판에 인공적인 지옥이 만들어져, 신이 만들어야 할 숙명이 인간이 만드는 운명에 의해 헝클어지고 있다고 꾸짖었다.

## 민주화 이후 불평등 심화한 한국 현실과 비교

우리나라에서도 '가난하고 불쌍한 사람들'에 푹 빠졌다. 〈레

미제라블〉 열풍의 이유로 대혁명 이후 여전히 빈곤과 불평등이 팽배했던 19세기 프랑스 사회와 민주화 이후에도 빈부 격차와 경제적 불평등이 심화하고 있는 한국 사회의 유사점을 꼽는다.

혁명의 열기가 식은 뒤 보수화된 19C 프랑스는 민주화 운동 이후 우리 현실과 닮은꼴이다. 인간의 본성을 깊이 있게 파고든 원작의 힘과 메시지에 잘 녹아든 음악도 흥행을 거들었다. 때맞춰 사람 냄새를 풍길 수 있는 정치에 대한 기대도 한몫했다. 전문가들은 불쌍하고 억울한 사람들, 소명심이 강한 원칙주의자 등 다양한 인간군상과 19세기 파리의 모습을 정직하고 사실적으로 펼쳐 보인 힘이 〈레미제라블〉 흥행의 원동력이라 평하고 있다.

많은 이들이 〈레미제라블〉을 통해 상처를 치유하고 위로를 얻었다고 입을 모으고 있다. 트위터 · 페이스북을 통해 영화 레미제라블이 진정한 '힐링 무비'라고 토로했다. 종교나 이데올로기에 국한되지 않는 깊고 넓은 휴머니즘 덕분에 사람들은 저마다 처지에 따라 위안거리를 얻을 여지가 분명히 있었다.

원작 소설은 인간 존재의 본성을 잔인하리만큼 숨김없이 그대로 파고들었다. 그리고 가슴에서 나오는 인본주의가 깔렸다. 인간이 인간에 대해 저지르는 악을 고발하고자 장발장이라는 인간을 통해 악에 대항하는 양심의 각성과 성숙을 갈망했기 때문이다.

## 나의 꿈은 뮤지컬 '임을 위한 행진곡'이다

1980년대 이후 대표적 민중 가요로 널리 불려 온 '임을 위한 행진곡'이 지난 5월 18일 광주민주화운동 공식기념식에서 부르느냐 마느냐를 두고 사회적 논란을 빚었다.

작곡자인 김종률 전 소니뮤직 코리아 대표가 말한 바로는, 이 곡은 원래 '넋 풀이'라는 제목으로 만들어진 30분짜리 노래극의 마지막에 나오는 합창곡이다. 이 노래극은 광주 도청을 지키다가 숨진 윤상원 씨와 야학을 하다가 숨진 박기순 씨의 영혼결혼식을 소재로 만들어진 일종의 미니 뮤지컬로서 부제는 '빛의 결혼식'이다.

김 전 대표의 꿈은 '임을 위한 행진곡'을 〈레미제라블〉처럼 뮤지컬로 만드는 거다. 그는 순전히 뮤지컬이란 관점에서만 보아도 '임을 위한 행진곡'은 〈레미제라블〉에 비해 소재 면에서 전혀 손색이 없다고 말한다.

광주 민주화 운동이라는 장엄한 역사적 사실과 두 남녀의 생명을 뛰어넘는 아름다운 사랑이야기, 그리고 동양적인 색채로 가득한 영혼결혼식 등등 모든 요소가 뮤지컬에 적합하다는 주장이다. 이 곡이 마치 '빨갱이들이 부르는 노래'라든가 '애국가를 대신하는 노래'라고 양극단으로 평가하는 것은 부적절하다. 이 노래의 진정한 의미는 민주와 자유를 위해 분연히 일어났던 분들의 용기에 대한 존경이며, 그들 속에서 피어난 사랑에 대한 찬사이고, 미래에 올 수 있는 불의에 대한 각오라는 견해다.

김 전 대표는 1980년 광주 민주화 운동이 교과서에 한 줄로 '박제화된 역사'가 아니라 매일 밤 전 세계의 주요 도시에서 뮤지컬로 살아나는 '오늘의 역사'이기를 꿈꾼다.

## 영화 〈레미제라블〉과 〈화려한 휴가〉

대한민국의 민주화는 학생과 시민이 중심 세력이 되어 일으킨 반독재 민주주의 운동인 1960년 4 · 19 혁명이 시발점이다. 이후 1980년 서울의 봄, 5 · 18 광주 민주화운동, 87년 6월 항쟁 등을 통해 일정한 수준에서 민주화가 됐지만, 사회적 불평등은 오히려 심화되어 왔다.

〈레미제라블〉과 묘하게 교차하는 영화는 〈화려한 휴가〉다. 김지훈 감독 작품으로 2007년 7월 개봉했다. 영화 〈화려한 휴가〉는 1980년 5월의 열흘간을 그 어떤 작품보다 사실적으로 그려내며 730만 관객을 동원했다.

지난겨울 〈레미제라블〉 개봉시기에 맞춰 영화 〈화려한 휴가〉에서 주인공을 맡은 배우 김상경이 MBC '무릎팍도사'에 출연해 영화를 언급하면서 새삼 화제를 모았다. 역사적 배경이 우리의 참담했던 그날과 닮은 점을 지적해 많은 공감대를 이끌어냈다.

영화 〈화려한 휴가〉의 한 장면

〈레미제라블〉 이 흥행을 이어가고 있는 시점에서 〈화려한 휴가〉가 재조명받게 된 것이다. 그 때문에 개봉된 지 5년이 지난 시점에 영화를 궁금해하는 사람들이 많아졌으며 5 · 18 민주항쟁을 되새겨 보는, 비극의 그날을 다시 상기시키는 결과를 낳았다. 특히 극 중 19세기 프랑스 파리의 역사적 배경이 우리나라 격동의 80년대와 닮아있어 공감대 형성과 함께 깊은 감동을 자아내고 있다.

〈레미제라블〉에서 수많은 학생과 청년들은 민중을 착취하는 정권을 뒤엎겠다며 혁명을 준비한다. 하지만 군인들의 총에 맥없이 무너지고 처참하게 죽어갔다. 비록 어리지만, 도둑질로 삶을 이어나가던 거지 아이 가브로쉬가 자유와 평등을 위해 죽는 그 순간까지 혁명의 노래를 부르는 것에 관객들은 깊은 공감과 함께 눈물을 흘릴 수밖에 없었다. 이는 마치 1980년 5월 27

일 밤, 5 · 18광주민중항쟁에서 도청을 사수하던 전남 광주 시민을 떠올리게 하는 장면이다.

〈레미제라블〉의 흥행에 불을 지핀 것은 정치 · 사회적인 치유의 역할을 했기 때문이다. 영화 후반부의 실패한 혁명에 대한 메시지가 지난 대통령 선거 결과와 맞물리며 일명 '48%를 위한 힐링 무비'라는 정치적인 해석을 낳기도 했다. 영화 마지막에 거대한 바리케이드가 펼쳐지며 합창곡으로 울려 퍼지는 '민중의 노래가 들리는가?'(Do you hear the people sing?)는 미래에 대한 희망을 노래하고 있다고 받아들여진 것이다.

또 1789년 프랑스혁명 이후 왕정복고에 의한 반동과 1830년 7월 혁명의 실패, 1848년 2월 혁명을 통해 1875년 프랑스가 끝내 공화정으로 가는 매우 어려운 과정의 한 부분을 담은 영화의 시대적 배경도 한국의 정치적 상황을 연상시켰다는 평가다.

1980년 광주민주화운동이나 1987년 민주화운동 과정의 대규모 시위 등을 떠올린 사람도 적지 않았다. 경제적인 양극화와 정치적인 무력감에 시달리는 한국 사회와 오버랩 됐다는 분석도 있다.

우리가 〈레미제라블〉에 감정이입할 수 있었던 것은 이런 현실과 빗대어 볼 수 있는 최대공약수였기 때문이었다. 최근 가장 큰 사회적 주 관심사 문제로 떠오른 '갑'과 '을' 논란 또한 30년을 곪아온 종기가 마침내 터진 셈이다.

## 영화 〈26년〉 그 사람 전두환과 광주 이야기

영화 〈26년〉은 1980년 5월 광주의 비극과 연관된 조직폭력배(진구 분), 국가 대표 사격 선수(한혜진 분), 대기업 총수, 사설 경호업체 실장이 26년 후 바로 그날, 학살의 주범인 '그 사람' 단죄를 위한 작전을 펼치는 액션 복수극이다. 현직 경찰역으로 인기가수 2 AM의 임슬옹이 출연했다.

지난해 11월 개봉된 영화 〈26년〉은 5 · 18 광주 민중항쟁이 지나고 '26년' 후 이야기를 그려 관심을 불러일으켰다.

1980년 5월에 일어난 광주의 아픔을 재현하는 것에 그치는 것이 아니라 그로부터 26년이 흐른 '현재'로 시점을 옮겨 그날의 비극이 결코 박제된 역사가 아닌, 살아남은 자들에게는 여전히 계속되고 있는 아픔과 상처라는 점을 이야기한다. 특히 역사적인 사실에 학살의 주범인 '그 사람'을 단죄한다는 과감한 상상력을 더한 파격적인 소재다.

전직 대통령의 예우를 받으며 철통 경호를 받고 있는, 난공불락의 요새인 연희동 저택으로 침투 과정은 그야말로 어느 액션 스릴러 못지않은 재미를 전한다. 영화 〈26년〉은 결코 잊어서도, 잊혀서도 안 되는 비극적인 역사를 상기시키며 관객들에게 단죄에 대한 의미 있는 질문을 던진다.

영화 〈26년〉은 만화가 강풀(본명 강소영)의 동명 웹툰을 원작으로 한다. 강풀은 〈26년〉을 비롯하여 〈아파트〉, 〈바보〉, 〈순정만화〉, 〈그대를 사랑합니다.〉, 〈이웃사람〉 등 영화화된 작품만 총 6편인 명실공히 대한민국 최고의 이야기꾼이다.

## 레밀리터리블, 레스쿨제라블 등 다양한 패러디를 낳은 위대한 원작의 힘

영화 〈레미제라블〉의 인기에 힘입어 '레밀리터리블'이라는 패러디 동영상이 나왔다. 인터넷에서 단번에 실시간 검색어에 오르는가 하면 외국에서도 뜨거운 반응을 일으켰다. 그러자 고등학생 시각에서 우리 교육 현실을 풍자한 패러디 동영상(UCC)이 만들어져 인기를 끌었다. 이 동영상의 제목은 〈레스쿨제라블〉.

뮤지컬과 영화로 나온 레미제라블을 패러디한 〈레밀리터리블〉이 군필자들에게 공감을 얻었다면, 〈레스쿨제라블〉은 입시와 경쟁 위주 교육에 지쳐있던 학생들의 공감을 사면서 인기를 얻었다. 〈레밀리터리블〉에서는 제설작업을 둘러싼 군인의 애환을 그렸듯이, 〈레스쿨제라블〉에서는 야자에 시달리는 고등학생들의 통곡이 절절하게 흘러나온다.

이미 타율이 된 지 오래된 야간 자율 학습, 이른바 '야자'제도는 아픈 여자 친구를 보살필 여유도 허락하지 않는다는 게 주요 줄거리다. 동영상의 첫 장면은 학생들이 펜으로 책상을

〈레스쿨제라블〉. 〈레미제라블〉을 패러디한 공군의 〈레밀리터리블〉을 다시 한번 학생의 시각으로 패러디한 것이다.

탁탁 찍어내며 "야자, 야자 펜을 들고서, 야자 엉덩이로 버텨"라며 노래를 부른다. 이 한마디 가사에 대한민국 학생들의 현실적 애환이 잘 나타난다.

기획부터 출연까지 고등학생들이 맡았다. 영상의 제작진 명단에선 "이 영상은 지도교사 없이 청소년들이 만든 영상입니다"며 "대한민국의 모든 청소년에게 이 영상을 바칩니다"라는 자막이 떠오른다. 고교생의 작품이라고 볼 수 없을 정도로 아주 수준 높은 완성도를 보여준다.

이 동영상 제작에 참가한 학생들은 매일 아침 일찍 등교해서 밤늦게까지 오직 대학 입시 준비만을 위해 공부를 해야 하고, 푸릇푸릇한 젊음의 맛과 내음이 사라진 경쟁의 논리만이 지배하는 학교의 반이성적인 현실에 대해 어른들의 각성과 더 많은 관심을 가져 달라고 간절히 호소한다.

영상을 보는 내내 그리고 동영상을 다 보고 난 후 씁쓸한 마음을 감출 수가 없었다. 해도 해도 너무하는 대한민국의 입시전쟁에 시달리는 아이들이 안쓰러워 마음이 아팠다. 미국의 한 방송에서는 대한민국 학생들의 입시고충이 드러나 있는 이

동영상을 방송 주제로 삼기도 했다. 2년 전에는 대전 구봉고 학생들이 만든 동영상 〈고등학생의 하루〉가 화제가 된 일도 있었다. 이 영상은 11초라는 짧은 시간 동안 '집-학교-집'을 오가는 단조롭고 고단한 하루를 잘 보여주며 고등학생의 비애를 코믹하게 풍자해 공전의 히트를 기록하면서 뉴스로도 보도된 적 있다.

학교의 주인은 학생이다. 그러나 언제부터인가 학교는 더는 학생들이 주인이 아닌 공간이 되었다. 우리는 단 한 번이라도 지금 학교의 학생들을 제대로 들여다본 적이 있는가? 학교 문제가 뉴스에 오르내릴 때마다 그저 교육정책과 입시 제도 때문이라며 방관자적 입장과 태도만을 취하지는 않았는가? 교육자뿐만 아니라 모든 어른의 각별한 반성과 대안을 마련해 보자.

첨단 문명의 한복판에 "인공적인 지옥이 만들어져 신이 만들어야 할 숙명이 인간이 만드는 운명에 의해 헝클어지고 있다"는 빅토르 위고의 말을 곱씹으며, 학교의 주인을 학생 중심으로 다시 생각해볼 때가 됐다.

# 권불십년(權不十年) 교육백년(敎育百年)

가르치는 일은 맹자가 삼락(三樂)의 하나로 꼽을 만큼 예로부터 보람 있는 일이었다. 우리 선조는 교육의 보람을 매우 귀하게 여겼다. 교육자를 숭모하는 사회 분위기 속에서 교사들은 교직을 천직으로 알고 후진 양성에 힘썼다. 박봉에 시달리면서도 교사들은 교직에 헌신했다. 전국적으로도 퇴직한 선생님을 주축으로 평생교육 활동을 지원하는 단체인 삼락회가 있다. '배우는 즐거움, 가르치는 즐거움, 봉사하는 즐거움'을 추구한다.

하지만 요즘의 세태를 보면 격세지감을 느끼지 않을 수 없다. 교육 현실은 우리에게 희망을 주기보다는 우울한 소식만 안겨주고 있다. 학교 폭력은 갈수록 심화하고, 교권은 추락하고 있다. 청소년 자살률은 OECD 가입국 중 1위라는 불명예를 안고 있다. 학교 폭력에 시달리던 아이들의 자살 소식은 계속

이어지고 있다. 심지어 경쟁 교육, 입시 교육에 짓눌리고 감수성이 예민한 학생들이 '베르테르 효과(모방 자살)까지 발생할 정도다.

교사는 열정을 잃고, 학교는 활력을 상실해 가고 있다. 어린이와 청소년들에 대한 성폭력 등 충격적인 사건도 비일비재하다. 인성교육은 뒷전으로 밀리고 학생들은 입시경쟁으로 내몰리고 있다. 학업에 전념해야 할 청소년과 대학생들은 아르바이트 현장을 전전하는 한편 취업 준비를 위한 스펙 쌓기로 여념이 없다.

대학은 본연의 기능을 상실하고 취업 기관으로 전락한 지 오래다. 교육 기회의 불공정과 소득 격차, 교육 격차가 심해지면서 교육의 평등성도 심각히 위협받는 상태에 이르고 있다. '스승의 그림자도 밟지 않는다'는 말은 이제 옛말이 되었다. 상당수의 교사가 사회로부터 낮은 존경과 예우를 받고 있다고 생각하고 있다. 과다한 학사 행정업무 및 잡무 처리도 교직의 만족도를 낮추고 있다.

## 군자 삼락의 으뜸은 천하의 영재를 얻어 교육하는 것

몇 해 전부터 정의(justice)라는 화두가 이슈가 되고 있다. 하버드대 마이클 샌델 교수의 『정의란 무엇인가』는 한국에서도 필독서가 됐다. 박근혜 정부가 들어서면서도 많은 사람이 공직에 나서기 전에 사회 정의의 기준에서 벗어나 낙마하는 볼썽사나운 꼴을 겪어야 했다. 최근 경제민주화와 함께 갑과 을의 논란, 재벌 비리는 사회 정의의 한가운데 있다. 그만큼 한국적 상황은 공공성, 또는 공공 철학의 부재와 깊이 연루되어 있다. 사회정의는 플라톤, 아리스토텔레스에서 시작해서 지금까지도 계속 논의되고 재해석되는 개념이다.

서양 철학에서 교육론의 토대를 구축했다고 평가받는 플라톤은 진정한 교육은 영혼을 변화시키는 힘이라 했다. 영혼의 변화를 통해 이 세계를 변화시킬 수 있다고 설파했다. 플라톤은 철학자란 누구인가를 정의하면서 우리에게 참된 교사상을 제시해 주었다. 가장 중요한 것은 참된 교사란 진정으로 지혜를 사랑하는 사람이어야 한다는 것이다. 왜냐하면, 이런 사람이야말로 진정으로 지혜를 가르칠 수 있기 때문이다.

유토피아를 쓴 토머스 모어는 "정치는 국민에게 기존의 이데올로기와 정책을 강요하지만, 교육은 오히려 자주적인 판단력 함양이라는 구원의 사명을 가진다."라고 했다. 단기 효과를 노리는 정치에 비해 교육은 장기적인 비전을 겨냥한다. 플라톤도 교육이 정치의 우위에 있다고 보았다.

논어에 군군신신부부자자(君君臣臣父父子子)라는 글이 있다. 임금은 임금답고, 신하는 신하다우며, 부모는 부모답고, 자식은 자식다워야 한다는 말로 각자가 자신의 분수와 명분에 맞게 행동해야 한다는 정명(正名) 사상을 내세웠다.

어른답지 못한 어른, 정치인답지 못한 정치인, 학생답지 않은 학생, 부모답지 않은 부모들이 사회를 어지럽고 혼탁하게 만들고 있다. 세상살이가 조화로우려면 모든 사람이 그렇게 자신의 본분을 다해야 한다는 말이다. 지금 우리 사회가 요구하는 핵심적 가치이다. 충남교육청의 잇따른 교육계 비리는 '타산지석(他山之石)'의 교훈이다.

무도즉은(無道則隱) 용사행장(用舍行藏)이라는 글도 새길 만하다. 천하에 도가 있으면 나아가고 도가 없으면 물러난다. 중용되면 자신(自身)이 믿는 바를 행하고, 은퇴하면 물러나 몸을 숨긴다는 뜻이다. 나아가고 물러섬이 깨끗하고 분명함을 이르는 말이다. 나이가 들면 나설 때와 물러설 때를 알아야 한다. 해야 할 것과 하지 말아야 할 것을 분명히 구분해야 한다. 또 입은 닫고 지갑을 열라고 한다. 젊은이들을 가르치려 들지 말고, 잘 들으라고 한다.

정치는 '권불십년(權不十年)''화무십일홍(花無十日紅)'으로 표현하지만, 교육은 국가백년지대계다. 이 순간에도 많은 교사가 공교육의 중요성을 다시 일깨우기 위해, 참교육의 의미를 전달하며 교실 현장에서 애쓰고 있다. 대다수 학생과 학부모도 교사에 대한 신뢰를 저버리지 않고 있다.

교사는 무상한 존재다. 교직을 천직(天職)으로 여기는 우리 교육 전통은 계승·발전시켜야 한다. 더불어 교사들 자신도 시대변화에 맞게 교직관을 재정립해 나가는 노력이 중요하다.

맹자가 삼락(三樂)을 말한 정신은 현 시대에도 여전히 유효한 가르침이다. 우리 사회는 교사들이 가르치는 즐거움, 교육자의 긍지를 느끼도록 교권을 진정으로 존중해야 한다. 교사가 바로 서야 교육이 바로 설 수 있고, 교육이 바로 서야 대한민국이 바로 선다. 그래야만 대한민국이 미래의 희망가를 부를 수 있다.

한국 교육은 양적 성장에서 질적 성숙으로 변해야 할 과제를 안고 있다. '슬로스쿨로 가자!'라는 교육 혁신 운동은 최고 (Best one), 으뜸(No.1)만을 목표로 하지 않는다. 각자 '타고난 저마다의 소질을 계발하는' 유일무이(The only one)의 인간교육, 완성교육을 추구한다. 최고가 아닌 최적의 인간을 양성하는 데 목표를 두고 정진해야 한다. 수많은 사람 가운데 가장 잘난 사람이 아니라, 가장 필요로 하는 사람이 될 수 있는 교육을 진정 이 시대는 요구한다. 현재를 바꾸는 것은 정치의 몫이지만, 미래를 밝히는 것은 교육이기 때문이다.

03

# 디지털 시대의 아날로그 이야기

〈언제나 시인처럼〉 4월 혁명 노래한 민족 시인 신동엽
〈언제나 시인처럼〉 풀꽃의 시인 나태주
〈언제나 시인처럼〉 섬진강 시인 김용택
길의 철학, 철학자의 길
걷기의 미학, 존재를 찾는 행군
사찰에서의 하룻밤, 내 마음의 작은 쉼표
휴(休)의 미학, 쉼의 철학
인간의 조건, 멈추면 비로소 보이는 것들

# 〈언제나 시인처럼〉 4월 혁명 노래한 민족 시인 신동엽

"껍데기는 가라. 동학년(東學年) 곰나루의 그 아우성만 살고 껍데기는 가라…. 한라에서 백두까지 향그러운 흙 가슴만 남고 그 모오든 쇠붙이는 가라."

지금 세계 곳곳에서 오랜 독재를 통해 부를 축적하고 자국민을 억압한 권력자들이 한결같이 말로를 맞이하고 있다. 역사 속에서 시민과 독재자의 싸움은 결국엔 시민의 승리로 마감됐다. 그리고 그 과정에서 어떤 고통과 죽음도 무의미하지 않았다.

헛되지 않은 민주화를 위해서 필요한 것은 껍데기가 아닌 가슴속의 울림이다. 쇠붙이로 행해지는 권력의 폭력에 큰소리로 저항한 것이 바로 3 · 1운동이었고, 4 · 19혁명이었다.

우리는 1960년 4월의 하늘 아래, 1980년 5월의 땅 위에서 알맹이의 정신을 목놓아 외친 기억이 있다. 그리고 그 기억을 오

시인 신동엽(1930~1969).
한국 사회의 허위의식에 저항했던 현대 문단의 큰 별이다.

래도록 되짚어보게 한 시인이 있다.

최근 역사 왜곡 교과서 논란과 극단적인 인터넷 사이트에서 보는 데자뷰(旣視感: déjà vu)는 우리에게 한 시인을 끄집어낸다. 바로 '4월은 갈아엎는 달'이라고, '껍데기는 가라'고 분연히 외쳤던 시인 신동엽이다. 민족 시인이자 참여 시인이었던 그가 39세의 젊은 나이로 세상을 버린 날 또한 44년 전 4월이다.

독재와 부정에 대하여 항거하던 혁명에서 시인은 통일의 염원과 기운을 목도했다. 그 자신도 자신이 생각하는 미래에 대한 낭만과 에너지를 시에 쓰기 주저하지 않았다. 시인의 이러한 사상적 · 문학적 지향을 잘 보여 주는 시가 바로 그의 〈산문시 1〉이다.

〈산문시 1〉에서 중립국은 신동엽 시인이 지향하는 우리나라의 미래이자, 온 인류의 미래이기도 하다. "그곳은 대통령이나 광부나 농민이 모두 함께 삼등 대합실을 이용하는 평등한 나라다. 대통령의 이름보다 새와 꽃의 이름을 먼저 외우는 아름답고 평화로운 나라다. 군사기지보다 포도밭을 중요하게 여기고, 아이들은 전쟁을 흉내 내며 놀지 않는 나라다.

하늘로 가는 길가엔 황톳빛 노을 물든 석양, 대통령이라고 하는 직함을 가진 신사가 자전거 꽁무니에 막걸리병을 싣고, 삼십 리 시골 길 시인의 집에 놀러 가더란다."

그가 꿈꾸는 그곳의 '국민'은 어떤 경우에도 '총 쏘는 야만'에 가담하지 않는 반전(反戰) 의지가 있다. 무엇보다도 최고 지배자를 나타내는 '대통령'조차 권력을 남용하기보다 단지 하나의 직함일 뿐, 여느 평범한 사람들과 다름없다.

신동엽 시인은 이 시를 60년대 후반에 썼다. 우리는 이미 이런 자전거 타는 대통령 본적이 있다. 자전거 뒤에 손녀딸을 태우고 논길을 달리는 고 노무현 대통령의 모습이 참 보기 좋았다. 이것이 40여 년 전, 시인이 꿈꿔왔던 우리의 미래다.

신동엽 시인의 시들은 1960년대 주로 발표되었지만 1980년대에 더 많이 읽혔다. 서른아홉의 나이에 간암으로 요절한 그가 남긴 시어들은 혼탁한 요즘 시대에도 명징하게 살아 있다. 그는 짧은 행적 동안 민족역사에 대한 통찰력과 서정성으로

신동엽 문학관 앞뜰에 설치된 임옥상 화백의 작품. 시인을 추모하는 대표 시 구절이 만장처럼 나부낀다.

조국의 하늘에 드리운 먹구름, 외세와 분단 그리고 부패한 권력 따위를 걷어치우고자 하는 큰마음을 남겼다.

## 한국의 근 · 현대와 닮은 시인의 짧은 삶

시인은 충남 부여에서 가난한 농부의 1남 4녀 중 맏이로 태어났다. 1930년대 우리 민족에게 평범함이란 가난함과 다른 말이 아니었다. 일제강점기에 태어난 시인은 청소년과 청년기 시절 8 · 15해방과 더불어 시작된 좌우익 간의 갈등과 투쟁, 한국전쟁으로 말미암은 전쟁의 참화를 직접 겪는다. 또한, 사회인이 된 후로도 4 · 19혁명과 5 · 16 군사쿠데타 등 크고 작은 역사적 격변에 시달려야 했다.

대학 시절 그가 즐겨 읽던 책은 사회과학 서적과 엘리엇의 시와 시론이었다. 1950년 한국전쟁이 터져 부여로 귀향했으나, 조선인민군과 국군 양쪽에 모두 징집돼 동족상잔의 비극을 온몸으로 체험했다. 그는 한국전쟁 당시 부패한 군 간부와 공무원들이 군수품을 빼돌리는 것을 본 뒤 사회 비판과 현실 참여 의식의 군불을 지폈던 열혈 남아였다.

곤궁한 현실은 시인에게 민중과 역사에 대한 인식의 결을 두껍게 할 기회가 되었다. 시인은 전쟁 통에 굶주림에 못 이겨 살아있는 가재를 먹고 병을 얻었다. 시인은 대학에서 사학과를 졸업하고 생활을 마련할 방안으로 헌책방을 마련한다. 서울

돈암동에 자리한 헌책방에서 짧은 시인의 삶에 반려자가 된 부인을 만나게 된다.

승효상 건축가가 설계해 2013년 5월 개관했다.

부인 인병선은 '참여시인 신동엽의 아내'나 '짚풀문화 연구가'로 불리지만, 좀 더 잘 아는 이들에겐 일제강점기 때 사상가 '인정식 씨의 딸'로도 기억된다. 당시 이화여고 3학년으로 "맵 찬 눈매를 한 소녀가 가끔 들러 대중잡지 같은 것은 거들떠보지도 않고 문예지 아니면 사상지 그리고 어려운 학술 서적만 사가"는 모습에 시인은 마음을 주게 됐다. 철학도를 꿈꾸던 부인은 서울대학교에 입학했지만, 중퇴를 감행하면서 가난한 시인과 결혼했다.

사랑하는 아내를 만나고, 시인이 되고, 고향에서 교사가 됐어도 병은 끈질기게 시인을 따라다녔다. 언제나 몸이 아팠던 신동엽 시인에게 유일한 약은 혁명의 기운이었다. 가짜로 점철된 쇠붙이가 아닌 진달래가 피어나는 진짜 우리의 산천이 시인에게는 특효약이었다. 시인에게 이 땅은 진달래가 피고 금강이 흐르는 모성적 자연이었다. 시인은 사랑과 낭만 그리고 미래에 필연적으로 다가올 통일의 시대로 그 상처를 치유하려 하였다.

그가 구체적인 한국의 역사적 현실과 민족적 고통에 뿌리박은 시를 쓰거나, 후일 사학과에 진학하게 된 것은 우연이 아니었다. 그가 후일 부조리한 당대의 현실과 폭력적인 문명을 비판하는 참여 시인이자 저항 시인으로 거듭날 수 있었던 데는, 민족적 위기와 민중적 생활의 비참함을 직접 몸으로 겪어야 했던 자기 체험이 크게 반영된 결과라 할 수 있다.

조선 초 사상가로 또 문학가로 한 시대를 풍미했던 매월당 김시습은 평생을 떠돌다가, 부여 무량사에서 한 많은 생을 마감했다. 김시습은 친조카 단종을 살해하고 왕이 된 수양대군을 비판하며 책을 모조리 불사르고 방랑길에 올랐다. 한반도뿐만 아니라 만주 벌판까지 휘돌다가 〈금오신화〉를 짓고 무량사에 직접 그린 영정과 부도까지 남겼다. 세상을 제대로 못 만난 그의 자화상은 미간을 살짝 찡그리며 사람들을 맞는다. 불우한 시대를 만난 대쪽 같은 지식인의 냉소적인 모습을 보여주듯이 말이다.

4 · 19혁명과 동학을 노래한 민족시인 신동엽을 보면, 매월당 김시습의 모습이 떠오른다. 그 이유는 오늘의 현실과 절대 무관치 않다. 난무하는 불의와 협잡, 부정과 속임수, 쇠붙이와 껍데기들이 죽은 두 시인의 앞을 여전히 가로막고 있다.

## 4월의 시인, 혁명의 시인 신동엽

시인은 1959년 석림(石林)이라는 필명으로 조선일보 신춘문예에 입선해 그 꿈을 이뤘다. 등단작인 '이야기하는 쟁기꾼의 대지'는 사회적 분위기 때문에 투고 당시 작품에서 40여 행이 삭제돼 발표됐다고 전해진다.

시인의 꿈을 이룬 그는 이듬해 4월 '학생혁명시집'을 집필하며 4 · 19혁명에 뛰어들어 청춘을 불살랐다. 시인이 평생토록 한결같이 추구한 시 정신은 민주주의였다. 그의 시는 1960년대부터 1980년대까지 한국 민주주의 역사와 맥을 같이한다.

1970년대 문단에서의 민주주의는 황석영의 〈객지〉, 조세희의 〈난장이가 쏘아올린 작은 공〉 등의 작품을 통해 계급 투쟁에 의한 가능성을 발견했다.

소설 속 노동 계급의 분노와 원한은 사적인 감정이 아니라, 가난한 자들의 삶을 형상화하고 있다는 점에서 공통점이 있다. 그리고 다른 공동체를 염원하는 새로운 정치적 가능성으로 읽혔다. 시인은 불세출의 대작 〈금강〉을 비롯해 '후화(後話) 2', '풍경' 등에서 60년대에 이미 이러한 사태를 예견했다.

훗날 자신이 본 맑은 하늘은 1960년 4월의 그것뿐이라고 했던 그날들을 떠올리며 '누가 구름 한 송이 없이 맑은 하늘을 보았다 하는가'를 구슬피 읊조리고 '껍데기는 가라'고 울부짖었던 천재 시인. 1967년엔 갑오 농민 전쟁을 다룬 장편 서사시

‘금강’을 선보이며 시인으로서 만개한다. ‘금강’은 총 30장, 무려 4,700행의 긴 호흡으로 1894년 동학농민혁명을 생생하게 담아내 이야기성과 기록성을 갖춘 장편 서사시다.

“백제 / 예부터 이곳은 모여 썩는 곳/ 망하고 대신 거름을 남기는 곳 / 금강 / 예부터 이곳은 모여 썩는 곳 / 망하고 대신 정신을 남기는 곳 / 바람 버섯도 찢기우면 사방팔방으로 / 날아가 새 씨가 된다.” 〈금강〉은 근대사의 분기점이면서 미완의 혁명인 동학 농민전쟁과 4 · 19혁명을 민중의 힘으로 동질화시켜 끈질긴 역사의 거름이라고 노래한 신동엽 시인의 역작이다.

‘금강’은 그동안 우리 역사가 왕의 역사로만 쓰인 것을 뒤집어 민중의 역사로 쓰고, 민중의 개념을 국민에게 심어줬다. 동학혁명과 3 · 1운동, 4 · 19혁명으로 이어진 민초의 거센 목소리를 시로 담아내 한국 시문학의 새 지평을 열었다.

하지만 한국전쟁 당시 민주 청년동맹 선전부장을 맡은 그의 이력이 끝내 그의 발목을 잡았다. 사회주의자로 낙인찍힌 시인은 사후에도 한동안 제대로 평가를 받지 못했다. ‘신동엽 전집’은 1975년 간행됐지만 두 달도 못돼 긴급조치 9호 위반으로 판매금지 조치당했다. 박정희 대통령 사후 긴급조치가 풀린 1980년 증보판을 냈지만, 다시 판금 되기도 했다.

시인은 그보다 아홉 해 전에 태어나 한 해 전에 영면한 김수영 시인과 함께 창비 시학의 거푸집을 장만했다. 이들의 이름은 생전보다 사후에 훨씬 더 큰 울림을 만들어내며 문학과 정치의 관계에 대한 성찰을 촉구했다.

아직도 시인을 사회주의자나 공산주의자로 보는 시각이 있지만, 올바르지 않다고 본다. 그의 시편을 보면 오히려 아나키스트(무정부주의)에 가깝다. 초기 그의 시에는 '완충' '정전'이라는 말이, 그리고 이후로는 '중립'이라는 시어가 많이 보이는 것도 이 때문이다.

역사 의식을 일깨우는 깊이 있는 시로 표현한 민족 시인은 "강산을 덮어 화창한 진달래는 피어나는데 / 그날이 오기까지는 사월은 갈아엎는 달 / 그날이 오기까지는 사월은 일어서는 달"('사월은 갈아엎는 달' 中)이라고 외친다.

시인 때문에 4월은 혁명의 이름을 갖게 되었고, 시인은 혁명 때문에 4월의 이름을 갖게 되었다. 금강 지천의 꽃처럼 만발했던 혁명의 기운은 아사달과 아사녀의 사랑처럼 열매를 보지 못하고 군사쿠데타로 마감한다. 그의 죽음은 전쟁 중에 생긴 병증에 의해서였으나 그의 삶은 혁명 속에서 탄생한 시 덕분에 영원해졌다.

## "껍데기는 가라." 봄바람에 실려 다시 듣는 시인의 외침

한국전쟁의 상흔을 가슴에 안고, 민중의 각성과 행동을 촉구했던 신동엽. 최근 시인을 기리는 움직임이 활발하다. 그의 시

'산에 언덕에'는 중학교 교과서에 수록됐다. 동학 백 주년을 기념한 서사시 '금강'은 세종문화회관에서 공연되기도 했다.

시인이 세상을 떠난 지 40여 년 만에 고향 부여에 그의 이름을 딴 '신동엽문학관'이 문을 열면서 우리 곁으로 한 걸음 다가왔다. 입구에 들어서면 조각가 심정수가 만든 '신동엽 흉상'이 관람객을 맞는다. 1층 상설 전시실에는 시인의 대표작으로 손꼽히는 시 '껍데기는 가라' '금강' 등의 초고가 전시돼 있고 성적표, 편지, 출간 도서들이 빼곡히 들어차 있다.

천상병 시인이 지었다는 시 '곡(哭) 신동엽'도 보인다. 부인 인병선 짚풀생활사박물관장과 젊은 시절 주고받은 연애편지도 눈에 띈다. 신동엽 문학관은 기존의 신동엽 생가와 문학관으로 나뉜다. 시인의 생애와 문학성을 조사. 연구하고 시인의 숭고한 삶을 되비쳐 볼 수 있는 곳이다.

"서둘고 싶지 않다 / 내 인생을 시로 장식해 봤으면 / 내 인생을 사랑으로 채워봤으면 / 내 인생을 혁명으로 불 질러 봤으면 / 세월은 흐른다. / 그렇다고 서둘고 싶지 않다." 서둘고 싶지 않다는 시를 시작으로 신동엽시인의 일대기를 빛바랜 사진들과 함께 볼 수 있다.

시인과 그 가족의 삶은 놀라울 정도로 한국의 현대사와 맞물려 있다. 마치 문학관 전시장의 통로처럼 그의 삶을 읽을 때 항상 그의 고민이 늘 미래로 열려 있다는 사실에 주목해야 한다.

일곱 번이나 '가라'고 외치며 어제가 아닌 오늘, 늘 새롭게 혁명을 진행해야 한다는 간절한 바람을 담은 시 '껍데기는 가라.'(1967). 문학관 앞뜰에는 그의 시가 깃발처럼 바람에 맞서고 있었다. "누가 하늘을 보았다 하는가, 누가 구름 한 송이 없이 맑은 하늘을 보았다 하는가, 네가 본 건 먹구름 그걸 하늘로 알고 일생을 살아갔다." '누가 하늘을 보았다 하는가'(1969)라는 질문을 던지며 "닦아라. 사람들아/ 네 마음속 구름/ 찢어라, 사람들아 / 네 머리 덮은 쇠 항아리"를 주문한 시인. 시인의 결연한 외침이 아직 들리는 듯하다.

신동엽의 4월 이후, 4월은 수도 없이 반복되고 있다. 어느 4월에 시인의 외침에 "알맹이만 남고 껍데기들은 다 갔다"고 시원하게 대답할 수 있을까. 역사는 되풀이된다지만 그래도 조금씩 앞으로 나아간다는 믿음이 어느 때보다 절실한 시절이다. 그래서 역사는 절망만 노래하는 게 아니다. 그가 그리던 '알맹이'만 남은 세상은 지금 어디쯤 와 있을까.

그곳에는 "그리운 그의 모습 다시 찾을 수 없어도/ 울고 간 그의 영혼/ 들에 언덕에 피어"('산에 언덕에'中)있을 것이다.

# 〈언제나 시인처럼〉 풀꽃의 시인 나태주

세 가지 소원을 가진 소년이 있었다. 첫째 시인이 되는 것, 둘째 좋은 여자와 결혼하는 것, 셋째 시골에서 사는 것. 오늘에 이르러 그 소년은 세 가지 소원을 모두 이루었다고 말한다. 대신 소년은 살면서 포기한 게 많다. 자동차, 배불리 먹는 것, 넓은 집, 큰 키를 포기(?)했다고 한다.

그 소년이 바로 나태주 시인이다. 시인은 1971년 서울신문 신춘문예로 등단한 이래, 초등학교 교직에 몸담으며 아름답고 일반 독자들이 이해하기 쉬운 시를 꾸준히 발표해 많은 팬을 갖고 있다. 시인은 지금까지 한 번도 대도시에서 살아본 일 없다. 늘 시골을 맴돌며 살았다. 40년째 사는 공주가 시인이 산 도시 가운데 가장 큰 시골도시다. 장마의 한복판에서 뜨거운 여름 햇살을 받으며 시인을 만나러 공주에 갔다.

나태주 시인과 섬진강 시인으로 불리는 김용택 시인. 우리 시대 가장 사랑받는 시인이다. 두 시인은 평생을 초등학교 교단에 몸담으면서, 자연의 언어를 보듬어 왔다. 전원 속의 시인이자, 교사로서 닮은꼴처럼 살아온 셈이다.

나태주 시인은 시대의 아픔을 온몸으로 느끼고 부대끼며 〈껍데기는 가라〉는 시를 남긴 충남 부여출신 고 신동엽시인 이후 '금강 시인'을 대표하고 있다. 김용택 시인은 섬진강 연작으로 유명하여 '섬진강 시인'이라는 별칭이 있다. 김용택 시인의 호적 나이가 실제보다 3년 늦게 되어 있다니 나이도 엇비슷하고, 알토란 같은 심성과 오롯한 삶의 향기조차 닮은 분들이다.

## 어린이처럼 자유롭고 맑은 영혼의 소유자

나태주 시인이 있는 공주문화원과 마주한 공원의 이름은 '시간이 정지된 음악 공원'이다. 시인과 어울리는 소담한 모습이다. 바로 옆 국고개 문화거리 언덕 위에 아름다운 건축물은 오래된 공주 중동성당이다. 1936년에 완공된 것으로, 전통적인 목조건물에서 현대건축으로 넘어가는 과정을 엿볼 수 있다. 충청 · 전북권에는 유서 깊은 성당이 꽤 많다. 아산 공세리 성당이 대표적이다. 1890년에 지은 이 성당은 우리나라에서 가장 아름다운 성당으로 지정된 적이 있는 건축물이다.

공세리 성당은 1914년 세운 전주 전동성당과 함께 수많은 영

나태주 시인은 공주사범학교를 졸업하고 43년 동안 초등학교 교단에 있다가 교장으로 정년 퇴임했다.

화와 드라마에 등장한 관광 명소이기도 하다. 전북 익산에 있는 나바위 성지 성당은 세상에서 단 하나뿐인 한옥 성당이다. 대전 중구 목동에 있는 거룩한 말씀의 수녀회 성당은 1919년 천주교 대전 본당이 만들어진 후 1921년에 지은 대전 최초의 성당이다.

문화원 현관 앞에 재실 중임을 미리 알리는 시인의 건강 지킴이 자전거가 떡하니 버티고 있다. 마치 제주사람들이 집 대문을 대신해 사용했던 나무기둥 '정낭'과도 같아 보였다. 공주는 조용하고 아담한 소도시다. 자전거 타기 딱 알맞은 곳이다.

> "날이 개면 시장에 가리라 / 새로 산 자전거를 타고 / 힘들여 페달을 비비며" 〈詩 희망 중〉 죽을 고비의 병마를 떨친 시인에게 자전거는, 이동수단 그 이상의 가치가 있다. "자전거만 타면 / 나는 자동차 없는 것이 / 하나도 부끄럽지 않은 사람이 된다."
>
> 〈시 '나의 자전거에게' 중〉

시인은 작은 키에 중절모를 눌러 쓴 모습이 골목대장 같은 느낌을 준다. 대화를 해보면 인정 많은 이웃집 할아버지 같은 푸근함이 느껴진다. 세상의 언어들이 시인에게 가면 오순도순

친화력을 가지게 된다. 분명한 것은 그의 시를 읽으면 마음이 참 순해진다. 마음에 동심을 들여놓고 평생을 살아온 맑은 마음의 시인이기 때문이다. 낮은 곳의 물을 위로 올리는 농기구 무자위처럼 말이다.

세상의 풍파를 거치다 보면 삶의 모습이 노정된다. 살아온 세월만큼 시인에게 삶은 늘 시의 모태가 된다. 나태주 시인은 2007년 교장 정년 퇴임을 앞두고, 병에 걸려 죽을 고비를 넘겼다. 그러나 평생을 초등학교 교단에 있던 시인은 어린아이처럼 자유롭고 맑은 영혼의 소유자다. 아주 솔직 담백하고 밝은 모습이다. 시는 시인의 인생을 그대로 닮았다.

시인은 자신의 이름 나태주를 "나 태워주세요."라고 풀이했다. 차가 없어 늘 다른 사람의 신세를 져서다. 가끔 문화원 강당에서 익살스럽고 감칠맛이 나는 강연도 하고 문학 기행을 이끌기도 한다. 그때마다 "적자생존이 무엇인지 아시죠? 적는 자만이 살아남는다고 합니다. 제 얘기를 얼른얼른 받아 적으세요."라고 깨알 같은 유머도 곧잘 던진다. '적는 자만이 생존한다'는 시인의 교육과 문학적 신념이다.

나태주 시인은 고인이 된 이성선 시인, 송수권 시인과 함께 절친한 시골 출신 서정시인 3인방으로 불린다. 2001년에 삼인시집 〈별 아래 잠든 시인〉을 내기도 했다. 세 시인은 성격도 다르다. 이성선 시인의 시는 불교적인 선이 담겨 있지만, 송수권 시인의 시는 남성적인 큰 틀과 어휘에서 남도적인 활달한 모

2012년 3월, 서울 광화문 교보생명의 광화문 글판이 새 옷을 갈아입었다. 대전 선화동 교보생명을 비롯한 7개 지역 교보생명 사옥에도 같은 글판이 붙었다.

습을 가지고 있다. 나태주 시인의 시는 동심을 들여놓은 직관의 세계를 노래하고 있다. 세 시인의 시는 다른 세계를 가지고 있다. 그럼에도 우정을 오랫동안 함께 나누어 온 사이이기도 하다.

시인에게 좋은 시란, 곧 감동(感動)이라고 설명한다. 사람에게서 사람에게로 회자한다는 것, 세대와 세대를 넘나들어 감동(感動)을 줄 수 있다는 것을 말한다.

〈맹자(孟子)〉에서 유래된 회자인구(膾炙人口)는 맛있는 음식처럼, 시문(詩文) 등이 사람들의 입에 많이 오르내리며 이야깃거리가 되는 것을 비유하는 고사성어다.

무릇 시인에 의해 시가 생명을 갖고 태어나면, 그 이후에 남는 것은 시인의 이름도 아니고 시의 아름다운 형식도 아니다. 시간이 지나면서 사람들 입에 오르내리는 것은 시 한 편, 혹은 짧은 한두 줄의 문장이다. 이것이 시의 생명력이 아닌가 싶다.

시인은 사람들이 많이 감동해야 한다고, 억지로라도 감동해야 한다고 설명한다. 감동은 인간이 살아감에 있어 우울과 절망에 빠지지 않고 행복으로 향할 수 있는 가장 건강한 방법이기 때문이다. 우리는 감동하기 위해 공연도 보고, 사람도 만나고, 책도 읽는다. 그중에서도 '시'라는 것은 우리에게 진하고

도 진한 감동을 준다. 시는 우리에게 때로는 슬픔을, 때로는 위로를, 때로는 사랑을 준다.

## '풀꽃'은 시업 35년의 결정(結晶)이자 단순함의 미학이 담긴 작품

'자세히 보아야 / 예쁘다 / 오래 보아야 / 사랑스럽다 / 너도 그렇다.' 〈풀꽃〉은 시업 35년으로 완성해 낸 작품이다. 광화문 교보문고에 걸리면서 사람들의 입에 오르내리기 시작했다.

지나가던 사람들은 멈춰 서서 시를 읽었고 감동했다. 어떤 사람은 사진을 찍기도 하고 어떤 사람은 SNS를 통해 시를 공유하기도 했다. 이 시는 2013년 봄, KBS 드라마 〈학교 2013〉 속에서 인용되어 큰 관심을 끌기도 했다. 강제 전학을 가게 된 한 학생에게 주인공이 시 '풀꽃'을 읊어주면서 큰 위로를 줬다.

무엇이든 관심을 두고 깊이 들여다보면 소중한 존재가 되고, 진면목을 알 수 있다는 뜻이리라. 되새김질할수록 의미가 새록새록 하다. 하지만 이 작품을 나태주 시인의 대표작이라고 하지 않는다. 세간의 관심은 시집을 무려 25권이나 발표한 시인이 왜 이렇게 단순한 시로 돌아갔을까 하는 거다.

나태주 시인의 〈풀꽃〉에 대해 신광철 시인의 평이 흥미롭다. "참 시가 단출해서 좋다. 더 하고 싶은 이야기가 남아있는 듯하다. 읽을수록 감칠맛이 나는 시다. 언뜻 초등학생이 쓴 동시 같기도 하다. 나태주 시인이란 이름을 빼고 초등학교 4학년 나태주 작품이라고 해도 믿을 수 있는 시다. 어찌 보면 단순하다 못해 허전하다. 이 작품을 신춘문예나 어떤 공모전에 내놓았다면 보나 마나 낙선이다. 그러나 이 시를 쓰게 된 시인의 면모를 알게 되면 아하, 그럴 수 있겠구나 싶어진다."

신광철 시인은 또 "시를 많이 쓰다 보면 단순해지는 것을 느끼게 된다. 세상을 다 돌아보고 돌아온 사람은 말수가 적어진다. 큰 강이 소리 없이 흐르는 것은 속이 깊기 때문이다. 이 시가 바로 그렇다."라고 평했다.

나태주 시인은 평생을 아이들과 보냈다. 시는 시인의 삶과 인생행로를 그대로 담아낸다. 그의 시는 어린아이의 마음을 담고 있다. 〈풀꽃〉도 그러한 배경에서 태어났다고 할 수 있다. 또 자연과 일상의 사물을 아주 가까이 그리고 아주 따뜻하게 바라보는 시선이 있다. 그래서 신광철 시인은 나태주 시인의 시를 '동시와 시의 접경지대에서 빚어 만든 경계의 시'라고 생각한다.

일상 속에서 사람들이 좀처럼 눈여겨보지 않는 주변의 사물에 세심한 눈길을 주고 축약된 어휘로 소중한 의미와 가치를 발견하는 데는 시골 초등학교 선생님의 경험이 큰 몫을 했을 것이다. 그런 점에서 많은 이가 곧잘 나태주 시인과 김용택 시인을 비교한다. 두 시인은 평생을 초등학교 교단에 있었고, 소박함과 서정성을 갖고 자연의 언어를 보듬는 시인이다.

나태주 시인은 평생 잘했다고 여겨지는 일로 4가지를 꼽는다. 첫째 초등학교 선생님을 한 일, 둘째 쉬지 않고 시를 쓴 일, 셋째 한 번도 시골을 떠나지 않고 산 일, 넷째 아직도 자가용차를 갖지 않고 사는 일이라고 했다.

시인에게 있어 교직은 그의 삶을 탱글탱글 윤이 나게 하여 주는 터전이었고, 시는 그가 살아가는 존재 이유를 제공해준 정신적 샘물이었다. 시골은 교직과 시를 병행하면서 살아가기에 그럴 수 없이 좋은 조건을 제공하는 마당 같은 것이었다. 아직도 자가용차 없이 사는 게 자연과 더 친할 수 있는 많은 계기를 제공해 준다고 믿고 있다.

> "서울 같은 데는 올라와 살 생각 말 것 / 이것은 신춘문예 당선 인사차 / 원효로 좁은 골목길 돌아서 갔을 때 / "
>
> 〈박목월 선생이 들려준 잔소리 시인들 나라 3〉

이해인 수녀님도 '풀꽃의 노래'라는 시가 있다. 참으로 '풀꽃 같은' 두 분이다.

## 시(詩)는 '언어(言)의 절(寺)'

시인은 "시는 어디까지나 짧은 형식의 글이고, 많은 내용을 축약해서 쓰는 글이며, 될수록 아름다운 언어를 다듬어 써야 하는 글"이라고 밝혔다. "시(詩)를 파자(破字)하면 말(言)의 절(寺)이에요. 그래서 어떤 사람은 '시는 경전과 같은 글이어야 한다'고 하

나태주 시인은 이해인 수녀와 돈독한 친분을 맺고 있다.

죠." 결핍의 희망을 노래하는 것이 시이지만, 결핍 다음엔 축복이 온다는 의미에서 경전과 같은 글을 쓰는 게 시인의 임무라고 받아들여진다.

"절은 스님의 수행 공간이에요. 스님은 될수록 말을 줄입니다. 긴 문장이나 말을 줄여서 표현하는 것이 시와 시인이 가진 임무이며 본질입니다. 오늘날 시인의 불행은 시인이 시인 이상이 되려 하고, 시가 시 이상의 것이 되려고 할 때에 있습니다." 오늘날 독자가 시인을 떠나고 시를 외면하는 데 죽비소리와 같은 깨우침이다.

시인은 시를 금잔옥대(金盞玉臺)에 비유했다. 금잔옥대는 옥으로 만든 잔 받침에 금잔을 올려놓는다는 뜻으로, 수선화를 가리키는 말이다. "제주도나 거문도에 자생하는 수선화를 보면 하얀 꽃잎 여섯 장에 가운데 둥글게 생긴 노란 꽃술이 불쑥 나와 있어요. 추사 김정희 선생도 제주도에서 유배 살이 할 때 금잔옥대의 수선화를 보고 시를 썼어요."

시인은 시에도 금잔 부분과 옥대 부분이 있다고 설명했다. "금잔 부분은 하늘이 내려준, 고칠 수 없는 문장을 말합니다. 그렇다고 옥대 부분이 필요 없다는 뜻은 아니에요. 금잔이 있으려면 옥대가 반드시 있어야 해요. 뒷받침해 주어야 하니까요."

나태주 시인이 충남 공주 공산성에서 문학 기행 참가자에게 손을 들어 설명하고 있다.

시인은 시 '풀꽃'의 금잔 부분이 '너도 그렇다'에 해당한다고 했다. 어떤 말로도 대신할 수 없어서다. 시인은 "앞으로 시를 대할 때 시의 금잔 부분과 옥대 부분을 찾아보면 흥미롭게 읽을 수 있다"고 시 읽기 요령을 알려줬다.

시인은 '결핍의 축복론'을 폈다. 그는 "결핍은 궁핍과 달리 절대 빈곤이 아니다"고 했다. 시인은 아동문학가 권정생 선생의 말을 인용해 "잘 사는 삶은 근근이 사는 삶"이라고 말했다. "달라이라마 행복론의 핵심은 탐욕의 반대가 비우는 무욕(無慾)이 아니라 만족하는 거에요. 겨울철 딸기 비닐하우스를 보면 꽃을 피우려고 열흘 정도 비닐을 벗기고 찬바람을 쐬게 하죠. 뭔가 부족해야 이루어지는 법이에요. 결핍 다음에 축복이 오는 이치가 그래요."

시인은 "결핍의 희망을 노래하는 것이 시"라고 강조했다. "학창시절 소풍 가기 전날 밤 떨리는 것은 새로운 만남에 대한 기대 때문이죠. 별것 아닌 것 같아도 그게 희망이고 소망이에요. 행복은 크고 멀리 있는 것이 아니라 사소하고 가까운 데 있어요. 다만 우리가 쉽게 깨닫지 못할 뿐이죠. 시는 희망차고 행복한 내 마음을 누군가에게 보여주는 겁니다. 누군가 들여다 봤으면 하는 바람이죠. 역관음증이라고 할까요." 시인은 말한다. "인간에게 있어 정을 제하고 나면 무엇이 또한 인간을 인간답게 만들어 줄 것인가?"

## '꽃을 던져라, 못 잊을 사람…' 그 꽃 받아내고 되살아난 시인

시인은 지금 제2의 인생을 살고 있다. 2007년 췌장염으로 6개월간 병원 신세를 지며 죽을 뻔한 고비를 넘기고 기적적으로 살아났기 때문이다. 시인이 2주일간 한숨도 못 자고 105일간 음식도 먹지 못하는 동안 시인 가족은 시인 몰래 장례위원회를 구성했다. 영결식장을 당시 시인이 교장으로 재직하던 공주 장기초등학교로 정하고, 장례식 추도사를 썼으며, 장례식 예행연습까지 마쳤다고 한다.

시인은 기적처럼 살아나자 2008년 투병기를 담은 수필『꽃을 던지다』를 펴냈다. '병상에서 깨어나 새로 쓴 나태주 시인 삶의 기록'을 부제로 달았다. '꽃을 던지다'라는 제목은 유명을 달리한 사람을 묻을(下棺) 때 산 사람이 망자에게 꽃을 던지는 데서 따왔다. 사경을 헤매면서도 투병 생활을 깨알같이 기록한 것을 보면 시인은 아무나 될 수 없는 것 같다. 시인이 강조하는 '적자생존'(적는 자만이 생존한다.)을 몸소 실천하고 있음을 엿볼 수 있다.

시인은 한 술 더 떠 당시 죽었다고 가정하고 망자에게 꽃을 던진다는 의미로 '투화'라는 시를 써 병상 기록과 함께 책에 실었다. '꽃을 던져라 / 못 잊을 사람 더욱 /잊지 않기 위하여 / 사랑한 사람 더욱 / 사랑하기 위하여 / 하늘 심장에 바다의 중심에 / 돌팔매질을 하듯 / 실패한 인생의 화려한 경륜 앞에 / 경멸의 찬사를 던져라 / 끝내는 잊어야 할 사람 / 서둘러 잊기 위해 꽃을 던져라.'

〈'투화' 전문〉

시인은 "네가 헛되이 보낸 오늘은 어제 죽은 이가 그토록 그리던 내일"이라며 "하루하루 인생의 처음이자 마지막 날처럼 소중하게 써라."라고 조언했다.

시인은 그림도 수준급이다. 곧잘 그려서 시화전도 할 정도다. 일 년 전부터는 한 인터넷신문에 〈죽은 시인들의 나라〉라는 산문을 연재 중이다. 〈죽은 시인의 사회〉란 영화에서 영감을 얻었다고 한다. 명문 학교에서 시학 교사 '키팅'과 학생들이 벌이는 매우 인간적인 이야기다.

영화 속의 키팅 선생은 삶의 즐거움을 거세당한 아이들에게 '카르페 디엠(라틴어로 현재를 즐겨라!)'을 강조한다. 진정한 참교육과 학생들의 꿈을 이끈다. 〈죽은 시인들의 나라〉는 영화의 내용과는 관계없이, 시인이란 사람들은 죽은 다음에 완성된다는 게 그의 지론이다.

딸 나민애씨는 서울대 국문과 대학원 박사를 마치고, 대학강단과 문학평론가로 활동하고 있다. 외연(外延)보다는 내포(內包)

가 깊은 시인은 오늘도 '하늘이 주는 문장, 금잔옥대(金盞玉臺)'를 염원하면서 '일상성의 소중함'을 토로한다. 늘 한결같은 탱탱한 건강으로, 정갈하고 소박한 시인의 시작(詩作)을 오래오래 접하고 싶다.

# 〈언제나 시인처럼〉 섬진강 시인 김용택

어릴 적 다녔던 초등학교를 나이 들어 다시 찾아본 적이 있는가? 거기에는 시간이 멈추어져 있는 공간이 있다. 그렇게 넓었던 운동장도 어른이 된 후 다시 찾아보면, 머릿속의 기억보다 턱없이 작게 느껴진다. 낡은 미끄럼틀, 철봉, 운동장 한쪽의 오래된 녹슨 그네, 교정 한쪽 미루나무 아래엔 정겨웠던 추억만 아스라이 남아 있다. 그리고 그곳에는 방금이라도 뛰어나올 것 같은 어린 날의 개구리 친구들의 초상이 있다.

재발견은 성숙이다. 물에 손 씻는 맛을 알게 되면 나이 든 징조라고 했던가. 예전에 그냥 지나쳤던 것도 새삼스럽게 보일 때가 한두 번이 아니다. 사랑하고 싶은 것도 많고, 그리운 것도 많아진다. 도종환 시인이 노래했듯이 우리 모두에겐 '내 안의 시인'이 있다. '잃어버린 내 안의 시인'은 다름 아닌 동심이다.

## 임실에서 가장 유명한 것은? 김용택 시인!

섬진강 시인으로 널리 알려진 김용택 시인의 특별 강연을 듣고자 한 초등학교를 찾았다. 새로 지은 학교 운동장 구석에는 학교 농업의 하나로 심은 벼가 잘 자라 있다. 시인은 청바지 차림에 해맑은 웃음과 장난기 어린 눈망울을 간직한 둥글둥글한 얼굴이다. 나이보다 여전히 소년티가 남아 있다.

시인은 첫마디를 유머로 열었다. "순창에서 가장 유명한 게 뭐죠" 고추장이라는 대답에 "그러면 임실에서 가장 유명한 게 뭐죠?" 질문이 이어졌다. "임실 치즈 아닙니까?"라는 답에 일차원적이고, 세속적인 생각을 꾸짖(?)었다. 시인이 내놓은 답은 "임실에서 가장 유명한 것은 바로 저 김용택입니다." 일순간 모두가 큰 웃음으로 무장해제가 됐다. 그리고 본격적인 강연이 시작됐다.

김용택 시인의 고향은 전북 임실이다. 섬진강 상류에 속하는 덕치면 진메 마을이 태어나 산 곳이다. 어찌 보면 시인의 면면은 그다지 대수롭지가 않다. 시골 마을에서 나서 자라고 자신이 졸업한 그곳 초등학교 교사의 이력을 가진 정도다. 도시화의 물결에서 한 발 뒤로 물러선 위치에 있는 시골 교사에 지나지 않을 수도 있다.

하지만 조금만 자세히 들여다본다면, 시인이 가진 사연은 절대 평범하지 않다. 시인은 자신의 모교이기도 한 덕치 초등학교에서만 30여 년을 보냈다. 그러다 보니 제자의 자녀를 다시 가르치는 재미있는 일화 또한 많았다고 한다. 아이들이 딱 제 엄마 아빠만큼만 공부했다는 것은 그중 하나다. 시인은 텅 비어 버린 농촌 마을에 한 그루의 나무처럼 남아서 그곳을 우두커니 지키고 있는 우리나라의 몇 안 되는 보배로운 시인이다.

KBS 다큐멘터리 〈엄마야 강변 살자- 섬진강 아이들 1년간의 기록〉 캡처

퇴직을 앞두고 2008년 2월, 〈엄마야 강변 살자- 섬진강 아이들 1년간의 기록〉 TV 다큐멘터리에서 아이들보다 더 천진한 시인의 모습이 방송되기도 했다. 성우의 해설 없이 어린이들의 시와 그림, 섬진강의 풍광으로 채워진 독특한 다큐멘터리였다. 시인이 담임을 맡은 덕치 초등학교 2학년생들이 주인공이 됐다. 이들의 시와 그림 속에 투영된 자연의 모습을 사계절의 흐름에 따라 차분히 구성했다. 조용히 흐르는 섬진강의 사계가 아이들의 글과 그림 속에 펼쳐졌다.

시인은 에너지와 유머가 넘쳤다. 거침없이 털털하게, 너스레를 떨기도 하는 시인에게서는 젊음과 열정이 느껴졌다. 강연회에 참석한 학부모보다 더 많은 유행어를 꿰고 있어 놀랐다. 밤 9시에 잠들어 새벽 서너 시면 일어난다는 시인은 청소년들과 눈높이를 맞추기 위해 개그콘서트와 같은 프로그램도 IPTV

채널로 빠짐없이 본다고 한다.

### "요즘 교사, 직업인 됐어."

김용택 시인이 처음 교사 생활을 시작한 70년대 초, 그의 모교인 덕치 초등학교의 학생 수는 700명이 넘었다. 그러나 이농이 가속화 된 70년대 말부터 학생들이 빠져나가기 시작해 지금은 전교생 삼십여 명의 '아담한' 규모로 줄어들었다. 그 세월만큼 교육 현실에도 변화가 많았다. "70, 80년대만 해도 공교육이 교육의 거의 전부였잖아요. 교육과 교사의 권위가 확고했죠. 그러나 지금은 그 자리를 사교육이 차지하고 있어요. 실력과 인성을 아울러 갖춘 종합적 인격체를 기른다는 의미에서의 교육은 지금 없다고 해도 과언이 아닙니다. 교사들도 한낱 냉정하고 엄혹한 직업인으로 바뀐 것 같아요."

순창 농림학교를 졸업하고서는 농장을 하고 싶었다는 그에게 교사로서의 전기는 책이 가져다 주었다. 깊은 산중의 외딴 분교까지 월부 책장수가 찾아온 것이다. "책을 읽으면서 비로소 세상을 알고 나도 알게 되었습니다. 그전까지는 눈이 있어도 보지 못하고 귀가 있어도 듣지 못하는 삶이었어요."

스물두 살 때 교사 생활을 시작하면서 독학으로 문학을 공부한 시인은 책을 미친 듯이 읽었다. "책을 읽어 보니 부모님께서 농사짓고 사는 모습도 새롭게 보이고, 70년대의 유신 독재도 보이고, 역사도 보이더군요. 교사로서 제가 하는 일에 대해서도 다시 생각하게 되었어요. 무엇보다 책을 읽으면서 저 역시 무언가를 쓰기 시작했고 그것이 제 문학의 출발이 되었죠. 책을 통해 공부하다 보니 아이들 하나하나가 독립적인 인격체로 보이더군요. 이 자연 속에서 아이들과 함께 환갑까지 공부하고 책 읽고 글 쓰며 산다면 좋겠다는 생각이 비로소 들었어요. 세상이 급속하게 바뀌면서 다들 시골을 떠났지만, 저 하나쯤은 고향을 지키는 것도 의미 있겠다 싶었죠."

김용택 시인은 38년의 초등 교사 생활을 마치고 자유인(?)이 됐다.

시인은 교사 시절 자신이 태어난 고향을 벗어난 적이 없다. 설악산이나 강릉에도 가보지 못했다고 한다. 이런 까닭에 오히려 그의 시와 산문은 섬진강과 섬진강 변에 사는 사람들의 온갖 모양과 소리를 담은 노래가 됐다. 시작(詩作)활동을 통해 자신의 생리적 고향이자, 문학적 고향인 섬진강을 도시적 삶에 지친 사람들의 공통 고향으로 되살려 낸 것이다.

"교사로서 아이들과 행복하게 지냈기 때문에 여한은 없습니다. 그러나 교사의 교육에 대한 신념을 끊임없이 간섭하고 훼방하는 교육 관료 체제를 견디기 힘들 때도 잦았습니다." 시인은 교사 시절을 마감하면서 펴낸 책 '아이들이 뛰노는 땅에 엎

드려 입 맞추다'에서 아이들과 입씨름을 하며 살아온 삶을 "환희와 희열, 가식과 억압으로부터 터지는 봇물 같은 자유를 누리는 흥분의 도가니에서 꽃과 한몸이 되어 있다."라고 표현했다. 현실의 팍팍함과 충돌하는 시인의 감수성은 눈 부릅뜨고 깨어 있으라고 말한다. 아무 계산 없이 전력으로 뛰노는 아이들처럼.

시인이 떠난 후 덕치 초등학교에는 올해 초 농촌 유학 센터가 세워졌다. 농촌 유학은 수도권 학생들이 우수한 자연 환경에 둘러싸인 농촌 학교로 일정 기간 유학을 하는 것. 학습 과잉 등 학생 스트레스 지수가 증가하면서 최근 사회적 관심이 높아지고 있다. 덕치 초등학교에는 수도권과 부산 등지에서 농촌 유학을 온 엄마와 학생 8세대가 생활하고 있다. 그중에는 '천당 아래 분당'에 사는 학부모도 포함되어 있다.

## 시, 자연이 말해주는 것을 받아쓰기!

시인은 유난히 떨림판이 예민한 존재다. 바람 부는 날, 나무들이 휩쓸리듯 시에 휩쓸리는 존재가 바로 시인이다. 시인으로 산다는 것은 축복받은 것이라기보다는 세상의 모든 것에 더 특별히 예민하게 상처받고 반응하는 고달픈 일인지도 모른다.

시인도 시인 나름이겠지만, 김용택 시인은 다르다. 특히 김용택 시인은 대놓고 말한다. "혹자는 시를 쓰는 작업이 뼈를 깎고 피를 말리는 일이라고 하는데, 나는 아니"라고 일갈한다. 시인으로서 시를 쓴다는 것은 큰 기술이 필요한 것이 아니라는 얘기다. 많은 사람은 시를 어려워하며 비유나 심상을 떠올리게 된다. 반드시 고통이 있어야만 글을 쓸 수 있다는 것은 거짓말이란다. 고통을 받을 필요는 없으나, 절실함은 글쓰기에 도움이 된다고 동의한다.

"시는 자연이 말해주는 것을 귀 기울여 정성스레 그대로 받아 쓰면 됩니다. 자연보다 더 멋진 글쓰기의 재료는 없습니다." 그의 글쓰기 해법이다. 어쩌면 우리는 글쓰기라는 것을 너무 어려운 행위로 생각했는지 모른다.

"시 써라 / 뭘 써요 / 시 쓰라고 / 뭘 쓰라고요 / 시 써내라고 / 네 / 제목은 뭘 써요? / 네 맘대로 해야지 / 뭘 쓰라고요 / 한 번만 더하면 죽는다." 〈뭘 써요, 뭘 쓰라고요?〉 "이제 눈이 안 온다 여름이니까" 〈여름〉이 두 편의 시는 김용택 시인이 가르쳤던 초등학교 2학년 학생의 시다. 아이들이 느끼는 그대로를 쓰게 했다고 하는데, 누군가에게는 시로 다가오고 누군가에게는 말장난처럼 읽힐 수 있다. 초등학교 2학년 눈에서 보고 느끼는 그대로를 쓰면 그것이 바로 시가 되는 거란다.

어쩌면 장난처럼 시를 쓰고 그림을 그리는 아이들은 글을 '지어내지.' 않는다. 그냥 쓰고 그냥 그린다. 말 그대로 '글짓기'가 아닌 '글쓰기'의 전형이다. 아이들은 직접 보고 만져서 느껴야만 나올 수 있는 언어를 가지고 있다. 아이들의 언어 속에는 살아서 꿈틀거리는, 날것 그대로의 자연이 스며 있다.

나태주 시인이 아이들과 평생을 보낸 것처럼, 김용택 시인도 마찬가지다. 세상에서 초등학교 2학년생이 제일 좋다는 김용택 시인이다. 시가 인생을 닮듯이, 그의 시도 아이의 마음을 담고 있다. 상당수의 시가, 시라고 하기엔 동심의 무게가 너무 깊기 때문이다. 김용택 시인의 시는 눈앞에 실경 산수화 풍경으로 보이고 있는 것을 수묵담채화처럼 그리는 것이 특징이다. 아주 물처럼 맑고 풀처럼 순하게 시어(詩語)가 편하게 다가온다. 수십 년간 걸어서 몇 시간씩 등하교하면서 자연의 변화를 관찰한 것이 자양분이다.

길을 가다가 우연히 마주친 거미줄 하나, 들풀 하나도 반갑게 마주한다. 때로는 시골 농가의 풍경이 느껴지기도 하고, 또 때로는 저녁의 한가로운 섬진강 변이 동양화처럼 그려지기도 한다. 이러한 면은 그의 안온한 안색과 정제된 마음의 갈피마다 동심을 들여놓았기 때문이다. 삶 자체가 글이 되는 시인의 시는 꾸밈없는 그의 삶 모습처럼 자연스럽게 우리에게 다가온다.

김용택 시인이 생각하는 시란, "사람의 삶을 가꾸어 주는 것이죠. 인간성을 지켜주는 한 예술 장르가 아닐까요. 자유, 행복의 역할과 기능을 하며 자연과 인간의 아름다운 조화를 노래하는 거죠." 시인은 "시를 이해하는 것이 세상을 이해하는 가장 빠른 길"이라고 여러 번 힘주어 말했다.

## 농사짓는 사람의 말은 틀림없다.

시인의 어머니는 한글을 모른다고 한다. 하지만 "농사짓는 사람은 평생을 일하며 공부하죠. 경험에서 비롯된 학습이기 때문에 이렇게 배운 지식은 틀림없어요. '참나무 잎이 뒤집히면 3일 뒤에 비가 내린다.' '꾀꼬리가 울 때 참깨를 갈고 보리 타작을 할 때 토란을 심는다.'는 말이 있는데, 관찰해보면 정말 그 시기가 딱 맞아떨어지죠. 그들은 과학자이며 철학자, 그리고 예술인이었습니다."

김용택 시인과의 만남은 시가 어려운 것이 아닌 우리 주변에 있다는 것을 알게 해준다. 심지어 예전에 어머니께서 그냥 말씀하신 것을 그대로 받아 적으면 시가 되었다는 것이다. 시인의 어머니는 한글을 모른다고 한다.

작가는 어릴 적부터 어머니와 함께 살면서 농사짓는 일을 보고 배웠다. 그러면서 예로부터 전해져 내려오는 자연과 관련된 속담이나 말이 어떻게 해서 만들어졌는지, 정말 맞는 이야기인지에 대한 궁금증을 그때그때 해결할 수 있었다. 농사를 짓는 그의 어머니는 좋은 스승이었다.

"〈콩, 너는 죽었다〉는 어머니가 콩 타작할 때 나온 말이에요. 어머니가 콩 타작을 하는데 콩이 톡톡 튀어 올라 마당에도 떨

김용택 시인이 자신의 고향인 전북 임실군 덕치면 진뫼 마을 아름드리 나무 밑에서 자신의 문학세계를 이야기하고 있다.

어지고 도랑에도 떨어지고, 또르륵 굴러가기도 했어요. 그 가운데 하나가 쥐 구멍으로 쏙 들어가는 걸, 내가 잡으러 구멍까지 따라갔지요. 그때 어머니께서 '용택아, 콩 이제 저건 죽었다.'라고 했어요. 얼른 방에 들어가서 〈콩, 너는 죽었다〉를 썼어요." 이 시는 교과서에 실려 있다.

시인은 어머니가 자신에게 들려줬던 이야기를 소개했다. "소쩍새가 우는 소리는? 소쩍소쩍…. 우리 마을에 소쩍새가 '솥 텅…'이라고 울면 그해는 흉년이 들어요. 솥이 텅 비게 될 거라고 소쩍새가 예견한 거죠. 반면 '솥 꽉…'이라고 울면 그해는 풍년이에요. 가을이 되면 솥이 꽉 차죠. 우리 마을 인근 잘 사는 덕지마을 꾀꼬리는 어떻게 울까요. 잘 들어보면 '덕지 조서방 삼 년 묵은 술값 내놔'하는 소리로 들려요. 이 같은 어머니의 말씀을 옮기면 시가 되고 소설이 됩니다."

바람결, 햇살, 나뭇잎을 보고 자연의 변화를 읽고 농사를 짓는 농부의 마음에 시심이 담겨 있다는 얘기다. 자연이 시인에게 최고의 시 교과서인 셈이다. 삶 자체가 글이 되는 시인의 시는 꾸밈없는 그의 삶 모습처럼 자연스럽게 우리에게 다가온다. 임실군은 최근 김 시인이 걸었던 길을 '시인의 길'로 이름을 붙여 관광상품화했다.

## 김용택 시인이 진짜 중요하게 생각하는 네 가지

첫째, 자세히 보고 감동하라. 시인은 "현대인은 감동할 줄 모르고, 산과 나무에 귀를 기울이지 않는다"고 지적했다. 사물을 자세히 들여다보지 않고, 감동하지 않으면 시인이 될 수 없다고 했다. "도시에 사는 사람은 세상에 새롭고 신비로운 것이 없다고 여겨요. 다만 신기해할 뿐이죠. 자세히 봐야 지식이 내 것이 되고 인격이 됩니다. 그때 관계가 맺어지고 감동이 생기죠. 감동은 생명력 있는, 살아 있는 것에서 나와요. 나무를 보세요. 꽃이 피고 잎이 지고 언제 봐도 새롭죠. 나무가 새로운 것은 눈, 비, 바람, 새를 받아들이기 때문이에요. 포용성이 핵심이죠."

시인은 "남의 이야기를 잘 듣고 그 말이 맞다 싶으면 자기 생각과 행동을 고쳐야 한다"며 "그러면 세상을 바꾸고, 자신을 세울 수 있다"고 말했다. '생각이 세상을 이끌어간다'는 얘기다.

둘째, 예술적 감성을 기르자. 거실에 있는 양주병부터 치워야 한다. 시인은 서울에 오면 미술관을 꼭 들른다. 그림을 볼 줄 알게 되면 세상이 다 그림같이 아름답게 보인다.

셋째, 자연환경에 집중하자. 인간이 지금까지 거침없이 잘 살 수 있었던 것은 자연에서 일어나는 현상이 어마어마하게 많기 때문이다. 앞으로의 삶을 위해서도 주변 환경과 자연을 자주 보고 듣고 배워야 한다. 그 사람은 자신의 삶도 귀하고 소중하게 여길 줄 아는 사람이다

넷째, 평생 공부를 해야 한다. 공부란 일상적인 삶에서 이루어진다. 그리고 그걸 꼭 써먹어야 한다. 내 운명을 바꿔서 세계를 바꾸는 것이 공부이다. 틈나는 대로 신문 칼럼이나 사설을 보며 세상 돌아가는 이야기를 꼭 알자. 시인은 신문 칼럼, 사설, 시론 중에서 좋은 것이 있으면 골라 고향을 떠나 타지에서 공부하는 아들과 딸에게 e메일로 보낸다고 말했다. 그 나름의 자녀 교육법이다. 그렇게 보낸 e메일이 1,000통 가까이 된다고 한다. 시인은 "신문을 많이 읽어라. 그러면 인생을 사는 데 필요한 지혜를 얻을 수 있다"는 조언을 잊지 않았다.

그는 변화와 혁신을 얘기하며 '인문학과 공학을 융합하라'는 스티브 잡스의 말을 명언이라며 감탄했다. 그리고 기술과 예술을 융합해야 한다고 강조하며, 이제 사람들이 '지성'을 자각하고 인문학에 대해 중시하기 시작했다고 덧붙였다. "융합하는 데 필요한 것은 기본적인 것은 바로 글쓰기입니다. 글을 쓰는 사람은 자기가 하는 일을 자세히 들여다보는 사람이에요. 저도 학교에서 아이들을 가르칠 때 더 많은 것을 느끼고 배우거든요."

우리 사회에서 가장 중요한 것은 아이들에게 공동체적인 삶의 방식을 길러주는 것이다. 나 살고 너 죽는 식으로 무한 경쟁에서 벗어나지 못하게 하는 야만적인 방식이 아니라, 나와 네가 같이 어울려 사는 사회적인 책임감을 길러주는 교육이 필요하다. 제도도 거기에 맞추어야 한다.

## 김용택의 교단 일기, 인생은 버릴 게 없어야 한다.

"행복한 사람은 평생을 공부하는 삶을 살아간다"고 말한 시인은 "예술적 감성을 잃지 않고 살아가는 삶이 행복에 가까운 삶을 살아가는 방법"이라는 점을 시종일관 강조했다. 자녀의 성적과 진로로 고민하는 학부모들에게 자연과 더불어 사는 삶의 소중함을 알리고, '마음을 움직일 수 있는 예술을 통해 갈등을 치유해 갈 수 있다'는 내용의 메시지를 전했다.

설악산에도 가보지 못한 시인. 이제는 강에, 산에 가지 않아도 시인의 마음에는 자연이 자신 안에 있다고 말한다. 그의 노래는 예술과 삶이 같다고 생각하며, 그러한 삶 자체가 글이 된 것이다. 시인은 "시는 내 삶의 이야기다. 인생은 버릴 게 없어야 한다"는 인생론을 폈다. "공부는 학교에서만 하는 것이 아니라 평생 해야 하고 살아가는 모든 것입니다. 초등학교 교사를 하면서 제가 오히려 아이들에게서 많은 걸 배웠어요. 교육은 가르치면서 배우는 겁니다. 자기교육이죠. 자녀 교육도 가르치면서 자녀에게서 배우는 겁니다."

시인은 이창동 감독의 영화 '시'에 시인으로도 출연했다. 학창 시절 영화를 자주 봤던 게 영화를 찍는 데 도움이 됐다고 했다. 뭐든지 해놓으면 나중에 도움이 되므로 인생은 버릴 게 없다는 그의 말이 진심으로 다가왔다. 이 영화는 63회 칸영화제 각본상을 받았다.

김용택 시인은 『교단 일기』를 통해 "가르친다는 건 결국 자기를 가르치는 것입니다. 그러니까 교사는 늘 자기를 수양하는 현장에 있는 셈이죠. 38년의 교사 생활 동안 저 역시 아이들에게 가르친 것 이상으로 아이들한테서 많은 걸 배웠습니다."고 매듭짓는다. 스승은 학생에게 가르침으로써 성장하고, 제자는 배움으로써 진보한다는 교학상장(敎學相長)의 지혜를 시인은 몸소 얻은 것이다.

초등학교 아이들에게 글로벌을 외치며 교실 속에 가두고 하나의 정답만을 요구하는 시험 선수를 만들고 있는 교육 현실에 겁을 내는 선생님. "나는 네게 줄 것이 없으니, 상으로 운동장에서 한번 업어주마"라고 아이에게 말하는 선생님. 김용택 시인과 같은 스승을 만났던 아이들은 너무나 큰 축복이었다.

# 길의 철학, 철학자의 길

열하로 가는 머나먼 여정, 생애 처음 압록강을 건너며 연암 박지원은 스스로 묻는다. "그대, 길을 아는가?" 그리고 이렇게 답한다. "길이란 다른 데서 찾을 게 아니라 바로 저 강과 언덕, 그 '사이'에 있다." 『열하일기』의 첫 장은 이렇게 시작된다. 이것이 연암 박지원이 압록강을 건너며 스스로 던진 질문이다. 그렇다. 모든 길은 '사이'에 있다. 이것과 저것, 안과 밖, 중화와 오랑캐, 인간과 자연…. 사람의 윤리와 만물의 법칙 또한 저 물가의 언덕과 같다.

그 '사이'를 가로지르며 연암은 삶과 문명의 눈부신 비전을 쏟아낸다. 길 위에서의 사유. 사유는 정답을 찾는 것이 아니다. 질문을 계속 던지는 과정이다. 번뇌가 소용돌이치는 그 자리에서 질문을 던질 수 없다면 그건 가짜요 사이비다. 질문을 던질 수 있는 딱 그만큼이 내 존재의 무게 중심이다. 길은 '사이'에

전북 고창과 전남 장성의 경계에 있는 축령산 자연 휴양림에는 40~50년생 편백과 삼나무 등 상록수림대가 울창하게 조성되어 있다

있다. '사이'란 중간도 아니고 평균은 더더욱 아니다. '날 것'과 '요리된 것의 이항 대립을 벗어나 제3의 길이 생성되는 현장이다. 아니, 생성 그 자체가 길이다.

신영복님은 디지털이 고속도로라면 길은 아날로그라고 표현했다. 고속도로는 속도와 효율 면에서 앞서기 때문에 선호하지만, 목적지에 도달하는 수단 이외에 아무 가치가 없다. 길은 그 자체가 인생이다. 길을 가다 보면 사람도 만나고 지난 사람들의 발자국도 만나고, 길섶에 핀 들꽃도 만난다.

그래서 자기가 걷고 있는 길, 자기가 하고 있는 일, 자기의 삶 자체가 아름다운 것이 되어야 한다. 그래서 길에는 힘이 있다. 걷는다는 것은 모든 주도권이 기계에서 인간에게 돌아온다는 것이다. 스스로 몸을 옮기는 내 다리의 주인으로서, 생각의 주인이 되는 즐거움이다.

각종 재개발로 말쑥해진 현대 도시의 이면에는 더는 '기억'이 존재하지 않는다. 세월의 이끼를 발견할 수 있는 기억의 장소는 대부분 뭉개졌기 때문이다. 『난장이가 쏘아올린 작은 공』의 철거민 가족에게 그랬듯이 말이다.

무조건 크게, 높게 만드는 것이 좋은 도시를 만드는 일이 아니다. 걷기 좋은 도시, 런던이나 파리는 전 세계의 본보기가 되고 있다. 아스팔트에는 역사도 없고 이야기도 없다. 차를 타고 지나가는 것과 달리 발을 놀려 걷는 사람은 세상 앞에 벌거벗은 존재로 돌아와 나를 만나는 시간을 보내는 것이다.

## "왜 걷느냐고 묻거든….

어떤 방문객이 워즈워스의 하녀에게 주인의 서재를 보여 달라고 했다. 하녀는 "여기에는 그분의 책을 보관하는 곳이 있지만, 서재는 야외에 있습니다."라고 대답했다. 영국 낭만주의 대표적 시인의 서재가, 실내를 꽉 채운 책이 아닌 수목(樹木)이 자리한 야외였다는 일화가 우리에게 시사하는 바는 무엇일까?

"기적은 희박한 공기 속이나 물 위를 걷는 것이 아니라 대지 위를 걷는 일이다." 세계적인 명상 지도자이자 시인, 평화 운동가인 틱낫한 스님의 법문이다. 달라이 라마와 함께 살아 있는 붓다로 불리는 영적 지도자이자, 스승이기도한 스님은 한국을 방문해 혜민 스님과 '힐링, 상생, 행복'을 주제로 명상 프로그램을 소화하기도 한다.

그리스 신화 속의 시지포스는 끊임없이 돌을 언덕 위로 올려야 하는 형벌을 받았다. 그러나 정작 힘든 것은, 무거운 돌을

굴리는 노동보다 돌이 다시 내려오고야 말 것이라는 허무함과 체념이었다.

판도라가 상자를 닫았을 때 마지막에 그곳에 남은 것이 '희망'이었듯, 걷기야말로 인간이 스스로 할 수 있는 가장 완전한 치유 활동이다. 무엇보다 걷는 것은 삶의 희망을 찾는 일이다. 누구나 세상사의 진동에서 흔들리지 않을 수 없다. 하지만 걷기의 매력에 빠져들수록, 쳇바퀴 같은 사회생활에 가리고 지워져 있던 인생의 가치 척도가 회복된다.

혼자 걷는 것은 침묵의 길을 온몸으로 누리는 일이다. 침묵은 인간의 마음속에 돋아난 쓸데없는 곁가지들을 쳐내고 그를 다시 자유로운 상태로 되돌려놓아 운신의 폭을 넓혀준다.

그래서 걷기는 세상과 자연, 그리고 인간의 본래 의미와 가치를 새롭게 인식하는 방식이며 생각하고 사색하는 훈련에는 더할 수 없이 좋은 순간이다. 걷다 보면 길이 열리고 생각이 트이며 마음도 새로워진다. 걷기는 자기 몸의 감각을 깨우고 단련시키는 능동적인 명상이다. 그래서 첫 번째 철학 스승은 우리의 발이라고 한다. 걷기와 생각하기가 밀접하게 연관된 행위이기 때문이다.

『느리게 산다는 것의 의미』라는 책을 쓴 프랑스의 철학자인 피에르 상소는 느림의 삶을 받아들이는 여러 태도 중 첫 번째로 '한가로이 거닐기'를 꼽았다. 상소는 이 책에서 느림의 삶을 받아들이는 태도 9가지를 이야기하고 있다.

첫째 한가로이 거닐기, 발걸음이 닿는 대로 풍경이 부르는 대로 나를 맡기기. 둘째 듣기, 신뢰하는 이의 말에 완전히 집중하는 것. 셋째 권태, 무의미하게 반복되는 사소한 일들을 오히려 소중하게 인정하고 애정을 느껴 보면? 넷째 꿈꾸기, 우리 내면에 조용히 자리하고 있던 희미하면서도 예민한 의식을 때때로 일깨워 보자.

다섯째 기다리기, 자유롭고 무한히 넓은 미래의 지평선을 향해 마음을 열기. 여섯째 마음의 고향, 내 존재 깊은 곳에서 지금은 희미하게 퇴색되어버린 부분, 시대에도 맞지 않는 지나간 낡은 시간의 한 부분을 다시 떠올려 본다면? 일곱째 글쓰기, 우리 안에서 조금씩 진실이 자라날 수 있도록 마음의 소리를 옮겨 본다. 여덟째 포도주, 지혜를 가르치는 학교, 그 순수한 액체에 빠져 보기. 아홉째 모데라토 칸타빌레, 절제라기보다는 아끼는 태도를 꼽았다. 한번 음미해 볼 만하다.

## 첫 번째 철학 스승은 우리의 발

위대한 철학가나 사상가는 산책을 통해 자신의 철학을 성찰하고 정립했다. 산책(散策) 이란, 말 그대로 생각 혹은 걸음을 가볍게 흩트리는 행위다.

사회학자인 정수복은 인문학적 파리 산책기 『파리를 생각한다』에서 "철학자들에게 걷기는 자연을 만나고 역사와 삶의

독일 하이델베르크 '철학자의 길'에서 바라본 도시 풍경

의미를 생각하며 작고 좁은 마음의 자아를 더 큰 세상에 연결해 자신을 확장시키는 하나의 예식이다. 그래서 산책로가 없는 도시에서는 철학과 사상이 만들어지기 힘들다."고 파악했다.

생각을 정리하려고 산책을 즐겼던 사람들은 철학자 아리스토텔레스, 교육철학자 장 자크 루소, 시인 아르투르 랭보, 음악가 베토벤 등 일일이 열거하기 힘들 만큼 많다. 소크라테스가 길을 걸어가는데 "어디서 왔느냐"고 어떤 사람이 물었다. 소크라테스는 "아테네에서 왔다"고 말하지 않고, "세상에서 왔다"고 대답했다.

아리스토텔레스도 걸으면서 생각하는 습관이 있었다. 그가 세운 '리케이온'이라는 아카데미에서는 선생과 제자가 함께 산책하면서 이야기하고 사색하는 독특한 방식으로 교육이 진행됐다. 항상 제자들과 산책을 하며 대화를 통해 학문적 체계를 완성한 아리스토텔레스의 학풍은 그래서 소요학파(逍遙學派)라고 불렸다.

장 자크 루소에게 걷기는 고독한 것이며 자유의 경험, 관찰과 몽상의 무궁무진한 원천이었다. 젊은 시절의 토리노 여행을 추억하면서 루소는 걷기의 향수와 행복을 말한다. "여러 가지 감미로운 공상들이 나의 동행이 됐다. 내 뜨거운 상상력이 이처럼 멋진 공상들을 안겨준 적은 한 번도 없었다. 나는 한 번도 이렇게 많은 생각을 해본 적이 없었으며 이렇게 뿌듯하게 존재하고 살아본 적이 없었다. 나는 그때 혼자 걸어가면서 했던 생각과 존재 속에서만큼 나 자신이었던 적은 한 번도 없었다."라며 걷기에 대해 예찬했다.

귀가 안 들리기 시작한 뒤의 베토벤은 산책의 느낌을 표현한 '전원교향곡'을 작곡했다. 수많은 명언을 남긴 니체의 "생각은 걷는 자의 발끝에서 나온다"는 말도 많이 회자한다.

독일 하이델베르크엔 '철학자의 길'이 있다. 괴테는 물론 하이델베르크대에서 교편을 잡은 철학자 헤겔과 야스퍼스, 하이데거 등 수많은 문인과 사상가들이 자주 찾았던 길이다. 이 오솔길은 오늘날까지 많은 사람의 사랑을 받고 있다. 물론 하이델베르크는 워낙 대학의 전통이 강한 도시여서 웬만한 철학자들이 한두 번은 이 도시를 다녀갔을 것이다. 한국관광공사 이참 사장이 말한 바로는, 실제로 그 길에서 산책한 기록이 있는 사람은 3명뿐이라고 한다.

가장 위대한 철학자 중 한 사람인 칸트는 매일 오후 5시가 되면 산책을 시작했다. 산책을 나서는 시간이 얼마나 규칙적이었던지 동네인 쾨니히스베르크 주부들이 칸트 교수가 자기 집

앞을 지나가는 것을 보고 시간을 맞추었다는 유명한 일화가 있다. 다만 프랑스 혁명(1789) 때 신문을 읽다가, 그리고 루소의 교육서 '에밀(Emile)'을 읽다가 시간을 어긴 경우가 있다고 한다. '칸트의 산책'이라는 말을 남길 정도로 유명한 그의 규칙적인 산책은 철학적 사색을 통해 생각을 정리하는 데 필요충분조건이었던 셈이다.

일본에도 교토에 철학자의 길이 있다. 철학자뿐만 아니라 많은 문인과 음악, 미술을 하는 예술가들이 산책을 통해 영감을 얻었다고 한다. 교토대학 근처에 있는 철학의 길은 교토의 히가시야마(東山) 산기슭, 긴카쿠지(銀閣寺)에서 난젠지(南禪寺)에 이르는 2.5km 정도의 길이다. 실개천 옆으로 난 이 길을 오르내리면서 '교토학파'의 중심인물인 교토대 교수 니시타 기타로(西田幾多郎)의 철학이 정립됐다. '종교와 절대무(絶對無)'를 탐구했던 교토학파의 형성은 이 길에서 시작했다고 해도 과언이 아니다.

이렇듯 산책을 즐겼던 이들은 걷는 동안 영감을 얻고 생각한 것을 정리해 후세에 업적을 남겼다. 우리나라도 마찬가지다. 소나무 아래로 난 길을 도포를 입은 한 선비가 거니는 조선 중종 때 이상좌의 송하보월도(松下步月圖), 이불해의 예장소요도(曳杖逍遙圖) 등은 당시의 유유자적하는 선비문화를 느낄 수 있는 그림이다.

또 『택리지』를 쓴 이중환도, 『금오신화』를 쓴 김시습도 모두 길에서 사상체계를 완성했다. 서포 김만중도 남해 노도에서 유배 생활 중 산책을 통해『구운몽』과『사씨남정기』를 집필했다. 수많은 저작을 남긴 다산 정약용도 강진 유배 길에서『목민심서』를 구상했다. 길이 곧 스승이라는 진리는 동서고금의 공통된 명제다.

## 걷기의 미학, 존재를 찾는 행군

인류가 두 발로 걷기 시작한 건 1백만 년 전이다. 불과 수십 년 만에 우리 사회는 인간의 특성인 '직립보행'을 잊고, 속도의 경쟁을 해왔다. 생각의 깊이는 속도에 반비례한다. 생각의 속도와 영혼의 속도가 우리 몸의 공명(共鳴)을 따라가지 못하면, 삶이 황폐해진다. 세상이 어지럽고 복잡하다. 오만 가지 생각에 머릿속이 실타래처럼 흩어져 있다. 그럴 땐 무조건 걷는 게 최고다.

우리는 종종 '인간은 어디에서 와서 어디로 가는가'라고 묻곤 한다. 걷는다는 건, 인생을 가장 잘 말해주는 행위로 표현된다. 사회 전반에 걷기에 관한 관심이 고조되고 있다. 걷기 열풍에 힘입어 지자체마다 걷기 코스를 개발하고 있어 갈 곳이 넘친다. 주말 걷기는 바쁜 한 주를 마무리하고, 자연으로 들어가는 일종의 제사의식(ritual) 행위다.

걷기로 얻는 느낌은 어디를 걷느냐에 따라 달라진다. 서울 성곽을 따라 걷거나, 전주 한옥 마을 골목길을 걸을 땐 그곳에 살았던 옛사람들의 정취를 쫓아간다. 한양으로 과거를 보러 가던 선비가 걸었던 문경 새재 길에서는 청운의 꿈을 다시 생각한다. 산성의 도시 대전의 둘레 산길에서 만나는 백제의 산성들은 삼국시대로 돌아가는 타임머신을 타고 '아는 만큼 보인다'는 진리를 다시 찾는 깨알 같은 즐거움이다.

인생 행로라는 말이 있듯이, 산다는 것은 길을 따라 걷는 행위다. 걷기는 오늘날 우리 사회의 온갖 근심・걱정과 성급함을 잠시 멈추게 한다. 비록 간단한 동네 산책이라 하더라도, 걷다 보면 평소 무심히 지나쳤던 주위의 나무나 돌 혹은 꽃 같은 사물이 눈에 잘 보인다. 마음에 여유가 생기기 때문에 오감이 절로 열려 자연이 전하는 메시지를 받아들이게 되는 것이다.

그뿐만이 아니다. 분주한 일상의 삶을 잠시 벗어나 길을 걷는 데 몰두하다 보면 자기 자신이 잘 보인다. 두 발로 걷다 보면 내면의 떨림이 되살아나고, 잃어버린 공명이 열리는 것을 느낄 수 있을 것이다.

## 걷기를 경배하라! 시속 4km를 사랑하는 사람들

사람들은 때때로 현실에서 벗어나 자신을 찾아 떠나고 싶은 마음이 생긴다. 걷기는 삶의 의미와 가치를 새로이 일깨워주는 방식이며 세상사는 참 맛을 찾는 수단이다.

세계적인 도보 여행가인 베르나르 올리비에는 "걷기는 두 발을 움직이는 물리적 행동을 통해 자신을 돌아보는 정신적 행동인데, 아무래도 먹고사는 문제가 해결되어야 가능한 일"이라고 설명한다. 이는 한국 사회가 먹고사는 문제를 지나, 성찰이 필요한 시대에 접어들었음을 시사한다. 그는 30여 년의 기자 생활을 은퇴한 뒤 파리에서 스페인 산티아고 데콤스텔라까지, 그리고 터키 이스탄불에서 중국의 시안까지 12,000km 실크로드를 4년여간 도보로 행군한 사람이다.

그가 도보 여행 후 출간한 『나는 걷는다』라는 책은 국내에 걷기 붐을 일으키며 세계적 베스트셀러가 됐다. 올리비에는 저작권료 등으로 비행 청소년 및 어려운 이들에게 도보 여행을 통한 재활의 기회를 주는 일을 하고 있다.

『나는 걷는다』가 걷기 자체를 일종의 행군이라고 생각한다면, 프랑스 다비드 르 브르통(David Le Breton)의 산문집 『걷기예찬』은, 걷기를 마치 종교와도 같이 경배한다. 다비드 르 브르통 교수는 "걷는 것은 자신을 세계로 열어놓는 것이다. 발로, 다리로, 몸으로 걸으면서 인간은 자신의 실존에 대한 행복한 감정을 되찾는다. 걷는다는 것은 침묵을 횡단하는 것이며 주위에서 울려오는 소리를 음미하고 즐기는 것이다."라고 『걷기 예찬(*Eloge de la Marche*)』을 시작한다.

"보행은 가없는 도서관이다. 매번 길 위에 놓인 평범한 사물들의 이야기를 들려주는 도서관, 우리가 스쳐 지나가는 장소들의 기억을 매개하는 도서관인 동시에 표지판, 폐허, 기념물 등이 베풀어주는 집단적 기억을 간직하는 도서관이다. 이렇게 볼 때 걷는 것은 여러 가지 풍경과 말들 속을 통과하는 것이라."라는 다비드 르 브르통의 말에 다시 한 번 귀 기울인다.

산티아고 순례길

이 책들은 2000년을 전후해 세계적으로 슬로시티, 로하스 등 생태주의 움직임이 일었을 때 국내에 소개돼 '느림의 철학' 유행의 중심에 있던 책이다. 걷기가 우리에게 가르쳐주는 의미를 익숙한 언어로 보여주면서 걷기와 생각하기가 밀접하게 연관된 행위임을 밝혀주고 있다. 걷기는 사물들의 본래 의미와 가치를 새로이 일깨워주는 인식의 한 방식이며 세상만사의 제맛을 되찾아 즐기기 위한 보람 있는 우회적 수단이 되는 것이다.

국내에서도 걷기를 예찬하는 이들을 쉽게 만날 수 있다. 『바람의 딸 걸어서 지구 세 바퀴 반』으로 이름을 알린 한비야, 『소심하고 겁 많고 까탈스러운 여자 혼자 떠나는 걷기 여행』의 김남희, 제주도에 올레 길을 만든 서명숙, 『새로 쓰는 택리지』를 쓴 문화사학자 신정일 등 손꼽을 수 없이 많다.

지리산 둘레길

한비야는 『지도 밖으로 행군하라』에서 "인생이란 걷는 것이 아닐까 생각한다. 산은 또 다른 산으로 이어지고, 그 사이를 잇는 능선들이 바로 인생길이다."라고 정의했다. 신정일을 보고 도종환은 '길의 시인'이라 불렀고, 김지하는 '삼남 민족 민중사상가'라 불렀다. 신정일은 1985년 황토현 문화연구소를 만든 뒤 20년 넘게 우리 땅을 두 발로 누비며 우리나라 산 400여 개를 올랐고, 8대 강을 몇 번이나 걸었다. 현재 '(사)우리 땅 걷기모임' 이사장인 그는 지금도 이 땅 구석구석을 누비며 조상이 남긴 흔적과 자연이 내뱉는 신음을 충실히 전달하고 있다.

### 최고 시속 4km 스페인 '산티아고로 가는 길'

올리비에가 그랬듯 걷기는 건강이라는 실용적 목적 말고도 철학적 의미 또한 지닌다. 순례 여행이나 자아와 만나는 도보 여행은 모두 걷기라는 공통 분모가 있다. 순례 여행이 등장한 건 중세부터다. 중세인들은 성서의 영향 때문에 참회를 위해 걸어서 순례 여행을 해야 한다고 생각했다. 속죄를 위해 시작된 순례 여행은 도보 여행을 대중화시켰다.

오늘날 프랑스 남부부터 스페인 북서쪽 끝의 도시 산티아고 데콤포스텔라(Santiago DE Compostella) 성당까지 걷는 '까미노 데 산티아고(Camino de Santiago)'도 이때 생겼다. 스페인어로 '산티아고로 가는 길'이라는 뜻이다. 천 년의 역사가 흐르는 길이다.

대전의 계족산 임도에는 맨발로 걸을 수 있는 황톳길이 있다. 맨발로 달리는 '마사이 마라톤'도 개최한다.

더 정확히는 예수의 열두 제자 중 한 사람인 야곱의 무덤까지 가는 길이란 뜻이다. 스페인 북쪽을 가로질러 예수의 제자 야곱이 복음을 전하러 간 전도의 길을 따라 걷는 성지 순례길이다. 오늘날 그를 기리는 많은 신도뿐만 아니라, 전 세계 수많은 사람이 스스로 자아를 찾기 위해 이 길을 걷고 있다. 이곳은 로마, 예루살렘과 더불어 세계 3대 성지 중 하나로 꼽힐 만큼 역사, 문화적으로 높은 가치를 인정받아, 1987년 유네스코 세계문화유산으로 등재되었다.

순례 코스는 총 800km로 프랑스-스페인 국경 마을인 생 장 피드포르에서 피레네 산맥을 넘어 스페인 자치구 나바라, 라리오하, 카스티아 레온, 갈리시아 등을 걸쳐 산티아고에 도착한다. 약 1,800여 곳의 고대와 중세 문화유적지들을 만나게 된다. 한 시간에 4킬로미터 정도 걸으며, 하루에 평균 길에서 보내는 시간은 8시간 정도다.

도보 여행가 김남희는 『소심하고 겁 많고 까탈스러운 여자 혼자 떠나는 걷기 여행』에서 스페인 산티아고를 걸었던 이야기를 들려준다. 김남희가 이 길을 알게 된 계기는 바로 베르나르 올리비에와 파울루 코엘류 때문이다. 베르나르 올리비에가 실크로드를 걷기 전 선택한 길이 까미노 데 산티아고였고, 『연금술사』의 작가인 코엘류는 자신의 책에서 이 길을 자주 언급했다. 김남희는 한비야를 보고 도보 여행가도 직업이 될 수 있겠구나! 깨달았다고 한다.

제주 올레 길을 만든 서명숙 제주 올레 이사장도 마찬가지다. 까미노 데 산티아고 도보여행에서 돌아와 산티아고 길만큼 아름다운 제주 길을 만들기 시작했다. 한국인들도 이제 제주 올레나 지리산 둘레길 도보 여행을 통해 잃어버린 인간의 속도를 찾고 있다.

## 청소년에게 걷고, 움직이게 하라

일반적으로 기운 순환이 안 되는 이유는 하체에 기를 내려보내지 못하기 때문이다. 인체는 하체에 있는 음(陰)이 위로 올라가고, 위에 있는 양(陽)이 아래로 내려가는 순환이 자연스럽게 이루어져야 원활한 기운 순환이 이루어져 건강한 상태를 유지

한다.

현대인들은 몸보다 머리를 많이 쓰기 때문에 머리는 뜨겁고 하반신은 차갑다. 천천히 걷는다는 것은 다리 부분에 열을 가해 하반신을 따뜻하게 하고 상대적으로 머리를 차게 하는 방법이다. 빨리 걷거나 뛰면 열이 위로 올라가고 다시 머리가 더워지는 현상이 생긴다. 걷기는 운동이 아닌 기운 순환의 개념이다. 천천히 걸어야만 반신욕처럼 하반신에 열이 가해지고, 머리는 차가워진다.

수험생 자녀에게 규칙적인 산책은 책보다 더 중요하다. 산책은 걷기의 단순하지만, 아주 기본적인 형식이다. 종종걸음으로 내달리는 출퇴근길의 번잡함도 아니고, 속도의 지배에서 벗어날 수 있는 순수한 걷기, 그 자체다. 아무 목적 없이 그냥 걷더라도, 걷다 보면 묻혀 있던 새로운 생각이 떠오른다. 걸으면 뇌에 혈액과 산소 공급이 원활해져서 뇌 기능이 활성화된다.

책상 앞에 앉아서 두어 시간 머리를 짜내는 것보다 30분의 산책이 훨씬 효율적이라는 얘기다. 그만큼 걷는다는 것은 깊고 넓은 사유의 세계, 아이디어와 기획력의 원천이다. 책상 앞에서 많은 시간을 보내는 직장인과 수험생들이야말로 산책이 반드시 필요하다.

일본의 대부분 유치원과 초등 학교에서는 아이들이 학교에 오면 맨발로 달리기를 시킨다. 발바닥을 자극하면 뇌세포가 활성화돼 집중력도 늘어나고 공부도 더 잘된다는 것이다. 일본의 엄마들은 자녀에게 맨다리에 반바지나 치마를 입혀 유치원이나 초등학교에 보낸다. 시간이 지나면 추위에 적응되고, 더욱 건강한 체력으로 길러지기 때문이다.

요즘 청소년은 걷기를 잃어버렸다. 짧은 거리라도 걸어서 가려는 생각을 거의 안 한다. 그들에게 이동은 자신의 두 다리를 움직여 공간을 주파하는 일이 아니라, 운송수단에 실려 '수송'되는 걸 뜻한다. 가만히 있어도 자동차, 엘리베이터, 에스컬레이터, 무빙워크가 우리를 태우고 다니는 세상이 아닌가.

여기에 일찍부터 길들어 있는 아이들은 짧은 거리를 걷는 것도 힘들어한다. 그마저 기꺼이 자식의 운전사가 되기를 자처하는 부모를 둔 아이들은 하루에 단 몇 분도 걷지 않는다. 편리함을 위한 문명의 이기들이 발달할수록, 그것을 사용하며 살아가는 인간의 몸은 점점 무기력해진다. 진정 자녀를 사랑한다면, 학원에 보내기보다 같이 저녁 산책에 나설 일이다.

신체의 상 · 하에 자리 잡고 있는 '머리'와 '발'을 균형 있게 이용하는 사람만이 세상을 지배할 수 있다. '철학' 없는 '걷기'는 공허하고, '걷기' 없는 '철학'은 맹목일 수밖에 없다. 걷는다는 것은 곧 철학적 사유의 시작이다.

# 사찰에서의 하룻밤, 내 마음의 작은 쉼표

디지털 시대에 역설적으로 '아날로그' 문화가 주목받고 있다. 속도를 우선시하는 오늘의 현실에서 벗어나 기꺼이 불편함을 감수하고 느림을 체험하는 문화가 뜨고 있다. 템플 스테이(temple stay)는 그중 하나다. 사찰에서 찾는 느림의 미학이다. 단순한 종교적 체험을 넘어 교육과 명상, 수양을 겸할 수 있는 독특한 휴식법이다.

템플 스테이뿐만 아니라 다양한 우리 문화 유산에 관한 관심이 높아지고 있다. 어느덧 세계인의 고유명사가 된 템플 스테이는 물론 한옥과 고택 체험도 재조명되고 있다. 우리 민족의 전통 문화와 삶의 원형이 그대로 담겨 있는 때묻지 않은 콘텐츠이기 때문이다.

전주 한옥 마을은 현대인이 갈망하는 '삶의 여유'를 찾아주었다는 데 성공 요인이 있다. 전통 한옥이 주는 '느림의 미학'

템플 스테이는 개인의 참여뿐만 아니라 대학, 기업, 단체 등에서 연수하는 공간으로도 주목받고 있다.

이 자연스럽게 관광객을 끌어들였다. 인근에는 400년 전통의 전주 향교와 호남 지방의 서양식 근대 건축물 중 가장 규모가 크고 오래된 전동 성당 등이 자리 잡고 있어 더욱 정겹다. 전주 향교는 인기드라마 『성균관 스캔들』의 주 촬영장이기도 했다. 템플 스테이나 고택 체험은 이제 우리 고유의 전통문화와 민족정신을 대내외적으로 알리는 필수 관광코스가 됐다.

### '일상의 쉼표'를 찍고 '내 안의 참된 나'를 만나보는 시간

템플 스테이는 스님들의 수행 생활을 잠시나마 느껴보는 특별한 경험이다. 일상의 번뇌를 벗고 마음의 고요함으로 참된 '나'를 찾고 들여다보는 체험의 시간이 된다.

부처님을 모신 산사는 대개 산에서 가장 아름답고 좋은 터에 자리 잡고 있다. 부처님은 탐(탐욕), 진(화냄), 치(어리석음)의 삼독을 버리지 못하면 해탈할 수 없다고 했지만, 산사의 풍광을 탐하지 않을 수 없다.

사찰에서의 시간은 바깥 세상보다 더디다. 사회 현장에서 촉발되는 뉴스 속보(速報)가 없다. 자극적인 음식도, 푹신한 침대도 없다. 멀리 떨어진 화장실 덕에 몸은 더 많이 움직여야 한다. 그럼에도 번잡한 일상을 떠나 템플 스테이를 찾는 사람들이 늘고 있다.

산사의 시간은 퍽 일찍 시작된다. 그러나 매우 느리게 간다. 산사의 하루는 인시(새벽 3~5시)가 출발점이다. '천지 만물을 깨우고 도량을 청정하게 한다'는 도량석(道場釋)의 청아한 목탁소리로 하루의 시작을 알린다. 서두름이 없이 침착하고 느리게 만물을 깨운다.

프로그램 대부분은 새벽 예불 · 다도 · 참선 · 발우 공양 등 사찰에서 전해 내려오는 각종 수행과 생활 방식을 그대로 체험하는 것이다. 산사의 어둠을 뚫고 도량석이 시작되면 산사 체험을 하기 위해 참가한 사람들은 새벽 3~4시에 기상을 해 새벽 예불에 참여하고 108배 체험과 참선 체험 등으로 산사의 하루를 시작하게 된다. 도량석은 사찰에서 새벽 예불을 하기 전에 도량을 깨끗하게 하려고 치르는 의식이다. 목탁을 두드리고 경내를 돌면서 치러진다. 새벽 예불은 모든 생명에 대한 존중 의식과 함께 자신의 삶의 방향을 되돌아보는 의미를 담고 있다.

발우 공양(鉢盂供養)이 끝나게 되면 사찰 경내를 청소하는 운력(運力 · 울력이라고도 함)을 하고 다도체험과 함께 스님과의 대화 그리

템플스테이는 지난 2002년 월드컵을 계기로 불교계에서 한국의 불교 문화를 알리기 위해 시도되었다가 일반인들로부터 인기를 얻으며 확산됐다.

고 경내 산책 등을 통해 마음의 평온을 얻을 기회를 마련하게 된다. 발우는 승려들의 밥그릇으로 일반인은 평상시에 경험하기 힘든 승려들의 격식과 예절을 갖춘 식사를 말한다. 다도는 차를 마시는 멋을 알게 하고, 여유와 기다림이 있는 삶을 느낄 수 있다. 참선과 발우 공양은 인내와 절제를 통해 자신을 내려놓는 연습의 과정이다.

사찰마다 차이는 있지만 보통 2박 3일 일정으로 스님들의 수행 생활을 따라 하며 잠시 세속을 떠나 마음의 휴식을 취하는 시간을 제공한다. 사찰의 특성에 따라 대장경의 인경과 탁본, 선무도 함께 체험할 수 있다. 산사의 시간은 그렇게 정중동, 동중정으로 느릿느릿 흘러간다.

현재 대한 불교 조계종 산하에서 템플 스테이를 운영하는 사찰은 전국 100여 개다. 아예 외국인만 전문으로 수용하는 전문 사찰도 15개나 상시 운영한다. 입소문을 타고 불교 신자뿐만 아니라 직장인과 대학생, 외국인 관광객까지 몰리고 있다. 멀리 산사까지 갈 필요도 없다. 조계종 문화 사업단의 템플 스테이 프로그램이 있는 사찰이 서울 도심에만 9개다. 늘어나는 수요에 발맞춰 조계종은 2009년부터 '템플 스테이'라는 계간지도 발행하고 외국인들을 위한 영문판과 스마트폰 앱 형태로도 발간하고 있다. 디지털 시대의 상징과도 같은 스마트폰을 통해 가장 '아날로그'적인 문화체험에 대한 정보를 얻고 있는 셈이다.

### 영어 캠프 · 요트 타기 · 걷기 명상…'절 체험의 진화'

템플 스테이는 갈수록 진화하고 있다. 전국의 주요 산사에서는 여름 휴가철이나 방학 때면 기존에 운영하는 템플 스테이와 별도로 맞춤형 프로그램을 선보인다. 방학을 맞은 아이들을 위한 수련회와 자연 체험 학습은 물론, 레저 활동과 명상 등 이색적인 휴가를 즐길 수 있는 다양한 프로그램을 마련한다. 크게 보아 교육형, 명상형, 레저형으로 나눌 수 있다.

교육형 템플 스테이는 여름 방학을 맞은 학생들에게 맞춰진 프로그램이 많은 편이다. 공부에 지친 아이들에게 자연 속에서 마음껏 뛰어놀고 문화 유산을 체험할 수 있도록 하기 위한 템플 스테이다. 스님과 함께 자연을 관찰하는 생태 학습을 비롯해 문화 유산 답사, 민속 마을에서의 전통 문화 체험, 사찰 음식 만들기 등으로 구성돼 있다. 영어 캠프를 하는 사찰도 있다. 외국 학생들을 특별 강사로 초청해 모든 일정을 영어로 진행하며 토론, 산행, 계곡 물놀이, 율력 등의 프로그램을 진행한다.

바닷가에 접한 사찰에서는 해양 레포츠를 접목한 템플 스테이를 한다. 산에서는 여름밤 별빛 달빛 꿈길 걷기, 바다에서는 바나나 보트, 요트 체험 등을 즐길 수 있는 이색 프로그램이다. 푸른 바다와 산을 벗 삼아 지치고 힘든 한여름의 무더위를 달랠 수 있다.

바쁜 현대인들에게 명상을 통해 재충전의 시간을 가지게끔 하는 수행 체험형 템플 스테이는 변함없는 인기다. 자연과 교감하는 숲 속 걷기, 참선, 차담 등을 통해 '일상의 쉼표를 찍고 내 안의 참나'를 만나 보는 시간을 제공한다.

## "진정 나를 사랑하면 행복 얻을 수 있다"

불교계 대표적인 '힐링 멘토'인 혜민 스님은 전국을 순회하는 마음 치유 콘서트로 대중과 마음을 나눈다. 조계종 한국 불교 문화 사업단은 7월 5~7일 충남 공주 마곡사 내 전통 불교문화원에서 '혜민 스님과 함께하는 2030 마음치유 템플 스테이'를 열었다. 이번 템플 스테이는 취업 문제와 경제난, 학업 등 미래가 불안한 2030 세대를 위한 자리였다.

혜민 스님은 "불교에서는 마음을 비우고 내려놓으라고 하는데 그 방법을 알고 싶어요."라는 청중의 질문에 "내려놓는다는 것은 힘들었고 상처가 됐던 일들을 없애려 하는 것이 아니라 힘들어하는 나를 받아들이고 허락하는 것입니다. 그러면 마음의 공간이 열리면서 괴로움과 내가 하나가 돼 마음이 평온해집니다."라고 설법했다. 스님은 "내가 나를 사랑하기 시작하면, 세상도 나를 사랑하기 시작한다"며 "내가 비록 남들과 비교해서 부족함이 있더라도 그것을 의식하지 말고 진정으로 나를 사랑하면 행복을 얻을 수 있다"고 답해 많은 공감을 얻었다.

혜민 스님은 대전광역시 출신으로서 대전 문창 초등학교를 나왔다. 문창동에서 태어나 초등학교에 다니다가 서울로 이사했다. 어릴 적 문창동 바로 옆 충무 체육관에서 김일 선수의 박치기를 보았고 당시 대전이 연고인 OB 베어스 프로야구단의 회원이 되어 티셔츠를 입고 다니던 기억이 난다고 한다. 고등학교 졸업 후 미국으로 유학을 떠나 캘리포니아 주립대학교 버클리 종교학 학사, 하버드대학교 종교학 석사, 프린스턴대학교 종교학 박사 학위를 받았다. 현재 미국 매사추세츠 주의 햄프셔 대학에서 종교학 교수로 재직 중이다.

모든 종교는 근본적으로 자신에 대한 각성과 성찰을 요구한다는 점에서 일종의 교차점을 지닌다. 그리고 이 시대에 던져주는 가르침으로 인생의 지향점을 제시한다. 법정 스님은 여러 가지 화두를 제시함으로써 우리에게 지적인 깨달음을 주었다. 이를테면 '무학'은 많이 배웠으면서도 배운 자취가 없는 것이다. '용서'는 타인에게 베푸는 자비심이라기보다, 흐트러지려는 나를 나 자신이 거두어들이는 일이다.

템플 스테이는 한여름밤 고즈넉한 산사에 울려 퍼지는 풍경소리를 벗 삼아 속세에서 시달린 마음을 치유하는 잠깐 출가(出家)다. 먹고 마시는 소모성 여행과는 달리 '비움'을 배우는 시간이다. 템플 스테이는 만남의 장이기도 하다. 오랫동안 잊고 살았던, 혹은 잃어버리고 살았던 나를 만나고, 서로 만난다. '만남과 만남'을 통해 참가자들은 비로소 자신을 알아가기 시작하는 것이다.

새벽 반가부좌를 틀고 절 앞마당을 향해 앉아 보라. 신선한 공기와 새 소리가 온몸을 감싼다. "마음을 비우고 집착을 버리니, 놀랍게도 세상이 달라졌다."가 남의 이야기만이 아니다. 그곳에서 우리는 자신을 찾고, 깨달음을 얻고, 우주를 발견하는 시간 여행을 할 수 있다. 그곳에 가면 세속의 찌듦에서 자유로워진다.

# 휴(休)의 미학,
# 쉼의 철학

대나무가 크는 이유는 마디가 있기 때문이다. 대숲에 바람이 불면, 댓잎이 사각거리는 소리에 마음마저 청량해진다. 사르르 흔들리는 대나무 잎 소리에 마치 영화 〈와호장룡〉의 주인공들이 뛰어나올 것만 같다.

하늘 높이 치솟은 길쭉한 대나무가 폭풍우에도 꺾이지 않는 이유 또한 마디 덕분이다. 일정한 간격을 두고 옆으로 튀어나온 마디가 자신을 지탱해주는 힘이 된다. 중요한 사실은 이 마디가 만들어지는 동안 대나무는 성장을 멈춘다는 것이다. 성철 스님은 "대나무의 마디는 사람이 겪는 좌절과 갈등, 실수, 절망, 병고, 이별 등과 같다. 대나무처럼 살라"는 법문을 남겼다.

경쟁이 치열한 도시일수록 사람들의 걸음걸이가 빠르다. 한가하면 불안하고, 쉬면 뒤처지는 것 같다. 현대 사회의 바쁜 일

강원도 설악산 한계령

상 속에 올바른 휴식을 취하지 못하고, 피로와 무기력감을 내버려두는 이들이 늘고 있다.

우리나라 국민 50% 이상이 중증의 피로감에 시달리고 있다. '만성피로 증후군'은 휴식이 필요하다고 몸이 보내는 신호다. 피로가 지속하면 우리 몸은 충분한 휴식을 취해도 나아지지 않는 상태가 된다. 심하면 과로와 스트레스만으로 건강한 이들도 한순간에 죽음에 이를 수 있다.

충분한 휴식을 취해도 우리가 늘 피곤한 이유는 휴식이 부족해서가 아닌 방법이 틀려서다. 평소 불규칙한 식사, 운동 부족 등 생활 습관도 문제지만, 휴식을 방해하는 가장 큰 요인은 몸만 아니라 마음조차 긴장해 쌓인 스트레스다. 쉬면서도 불안감, 잡념에 시달려 숙면까지 방해받기 일쑤다.

## 휴식은 나무가 아닌 숲을 보는 여유를 가져다 준다

올바른 휴식은 어떻게 쉬어야 할까? 일을 더 잘하거나 집중력을 높이고 싶을수록 우리가 가장 먼저 해야 하는 것은 마음의 긴장을 내려놓고 휴식을 취하는 것이다. 세상의 빠른 속도를 벗어나 조금 느리게 쉬어야만 한다. 휴식은 재충전이다. 사람의 기운은 배터리와 같아서 가끔 충전해야 오래 쓸 수 있다.

여름휴가는 지난 반년 동안의 노고를 스스로 위로하고 격려하며 또 새로운 출발을 다짐하기 위함이다. 쉼 없이 달려온 일상을 잠시 접고 일과 스트레스를 비워야 할 때다. 마침표가 아닌 쉼표로 삶의 여백을 만드는 것이 필요하다.

더욱이 여름휴가는 휴대폰 배터리를 충전시키는 것과도 같은 보통의 주말 휴식과는 차원이 달라야 한다. 더군다나 이때는 찜통더위와 장마로 몸과 마음이 지쳐 있을 시기다. 인체 에너지, 즉 기(氣)가 거의 바닥난 상태다. 기가 떨어지면, 기를 써서라도 기를 보충해야 한다. 휴식은 단기간 우리 몸의 원기를 북돋아 준다. 지속해서 생기를 방출하려면 전원을 껐다 켜는 아예 재시동(Reset)을 해야 한다.

가깝거나 먼 곳으로 훌쩍 떠날 수 있고, 그냥 몇 날 며칠 집에 틀어박혀 책 속으로 휴가를 떠나도 좋다. 화두 하나를 붙잡고 하안거에 들어가 용맹 정진하는 선승(禪僧)처럼 말이다. 그 충전의 시간 동안 바쁜 일상에서 놓치고 지나쳤던 것들, 내 주변을 한 번쯤 살핀다면 더 의미 있을 것이다. 그래서 휴가는 휴가(休家)이기도 하다.

독서는 몸과 마음을 쉬게 한다. 책을 읽는 휴가는 몸과 마음을 모두 쉬게 하는 건강한 방법이다. 특히 인문학 관련 책들을 읽다 보면 이열치열의 원리가 통한다. 정쟁과 갈등, 공방 이야기로 여름보다 더 뜨거운 세태를 보는 차분하고 시원한 눈을 가질 수 있게 된다. 좋은 책을 읽고 난 다음 얻는 뿌듯한 감동과 인간의 삶을 되돌아보게 하는 통찰력은 남은 여름을 이겨낼 충분한 힘이 된다. 그것이 인문학의 매력이기도 하다.

휴식은 틈이고 여유다. 척박해진 마음에 촉촉이 물을 끼얹고, 삶에 여백을 주는 것이 휴가의 미학(美學)이다. 쉼표가 느낌표를 부른다. 휴식은 시간을 소비하는 것이 아니라 자신에게 선물해주는 거다.

몇 해 전 느림이 멸종된 도심의 삶을 배후에 두고, '열심히 일한 당신, 떠나라!'라는 광고 문구가 큰 공감을 얻었던 적이 있다. 한국은 산업국가 중에서 노동 시간이 가장 길고 자살률도 가장 높은 나라이지만, 연평균 휴가 기간은 가장 짧다. 무엇보다 가장 아름다운 곳은 자연과 사람이 더불어 조화를 이룬 곳이다. 내 안의 시동을 끄고, 가끔은 나를 멈춰 세상의 소리에 귀를 기울이자. 모든 '삶의 속도'를 끄고, 달리던 자리에 그대로 멈춰 서자.

휴대 전화조차 또 다른 세상을 만날 땐 잠시 꺼두어도 좋다. 느림의 미학을 일깨워주는 사색과 명상, 산책 속에서 우리 몸의 방전된 에너지가 천천히 채워지는 것을 느낄 것이다. 가족과 친구는 물론 나를 둘러싼 모든 것들을 돌아보노라면, 자연스럽게 현재 내가 속해 있는 사회가 가진 갖가지 갈등을 통찰할 수 있게 된다. 2보 전진을 위한 1보 후퇴처럼, 휴식은 더 많은 가치를 가져다 주는 징검다리다. 휴식은 나무가 아닌 숲을 보는 여유를 가져다 준다.

### 휴식의 힘. 쉼은 성찰이다.

앞만 보고 달리던 시절, 잠을 줄이고 쉬는 시간을 아껴 일에 매달리면 그게 고스란히 성과로 이어지던 때가 있었다. 그러나 세상은 바뀌었다. 이제는 '몸으로 때우는' 식의 업무 행태로는 창의성이 성패를 좌우하는 글로벌 시대에 최후의 승자가 될 수 없다. 가끔은 속도를 늦추고 일과 거리를 둘 때 더욱 창조적으로 일할 수 있다. 적절한 휴식은 업무 효율을 높여주고, 생뚱맞고 기발한 아이디어도 떠올리게 한다.

폴라로이드 카메라(즉석 인화 카메라)라는 '60초의 예술'은 산타페에서의 휴가 중에 탄생했다. 5살짜리 딸이 "아빠, 사진을 찍고 왜 바로 볼 수 없어요?"라고 물은 데서 착안한 아이디어였다. 폴라로이드 창업자인 에드윈 랜드는 스티브 잡스에게도 늘 존경의 대상이었다. 애플의 창업자 스티브 잡스는 자신의 창의성이 "한 잔의 차와 조명, 그리고 음악"으로부터 나온다고 고백한 적이 있다.

첨단 기술을 선도한 그 역시도, 진정한 휴식 속에 창의적인 아이디어를 탄생시켰다. 스티브 잡스는 그 자체로 우리 시대에 새로운 프론티어 정신을 열어준 인물이었다. CEO로서 뛰어

통영의 작은 섬나라 수우도 풍경

나서가 아니라 한 인간, 사색하고 철학하고 도전하는 인간으로서 말이다.

세계적 부호인 마이크로소프트(MS)의 빌 게이츠는 휴가 때가 되면 모든 연락을 끊고, 컴퓨터도 없고 인터넷도 안 되는 곳에서 칩거에 들어간다. '생각할 공간'을 확보하고 성찰의 시간을 가진다. 이것이 그만의 독특한 휴가 프로그램인 '생각 주간(think week)'이다. 빌 게이츠는 1년에 두 번씩 미 서북부에 있는 호숫가 근처 작은 별장에서 10년 뒤 장기적인 비전을 만들기 위한 휴가를 보낸다.

그곳에서 그는 거의 모든 시간을 전 세계 MS 직원들이 작성한 보고서를 읽고, 이에 관한 자기 생각을 정리한다고 한다. 빌 게이츠는 '생각 주간'에 수십 페이지에 달하는 보고서를 112개까지 읽은 적이 있다고 한다.

"가끔 떠나라. 떠나서 잠시 쉬어라. 그래야 다시 돌아와서 일할 때 더 분명한 판단을 내리게 될 것이다. 쉬지 않고 계속 일을 하다 보면 판단력을 잃게 되리니. 조금 멀리 떠나라. 그러면 하는 일이 좀 작게 보이고, 전체가 한눈에 들어오면서 어디가 조화나 균형이 부족한지 더욱 자세하게 보일 것이다."

인류 역사상 가장 창의적인 인물로 평가받는 레오나르도 다빈치가 쓴 '균형'이라는 시라고 한다. 이미 오래전 다빈치는, 열심히 일만 해서는 창조적인 아이디어가 나올 수 없다는 것을 그의 업적에서 보여줬다.

### 호미씻이같이 한 박자 쉬어가는 여유와 삶의 여백이 필요

우리의 세시 풍속 중 음력 7월 15일은 세벌 김매기가 끝난 후 여름 휴식을 취하는 '백중날'이다. 힘든 일상의 농사일을 잠시 접고 휴식을 취했던 '머슴 날'이기도 했다. '호미 씻는 날'이라고도 불린다. 논과 밭의 김을 다 맨 7월 중순경, 이제 큰 농사일은 끝났으므로 호미와 같은 농기구를 씻어 가을 수확기를 대비하는 데서 나온 말이다.

마을 단위로 술과 음식을 장만해 남정네들은 지게에 지고, 아낙네들은 광주리에 이고 가까운 시냇가나 계곡으로 모였다. 우리 조상은 머슴에게조차 특별한 휴식과 나눔의 날을 마련했던 것이다. 이런 행사가 당시의 휴가 문화였다.

프랑스어로 휴가를 뜻하는 바캉스(vacance)는 '텅 비우다'는 라틴어에서 온 말이다. 자녀의 학업 성적에 안달하고, 경쟁에서 앞서려고 매달리고, 이 세상의 모든 고민을 혼자 짊어진 양 스트레스에 파묻혀 지냈던 일상을 잠시 내려놓자. 방학 기간만이라도 자녀에게 더욱더 채워 주려고 하는 욕심을 뒤로하고 잠시라도 우리 마음을 비워보자.

진정한 비움이란 모든 것을 다 비우는 것이 아니라, 원하지 않는 것을 비움으로써 원하는 것을 얻는 것이다. 우리는 덧셈만 하지 말고, 뺄셈도 가끔은 써먹어야 한다. 먹을 때도 적게 먹고, 할 일도 조금 줄이고, 덜 요구하는 것이 필요하다. 분수에 만족할 줄 아는 수분지족(守分知足)의 삶의 지혜를 가져야 한다. 그럼으로써 삶을 지탱해주는 튼튼한 '마디'를 만들고, 계속 사용해야 할 '호미'도 손볼 수 있다.

# 인간의 조건, 멈추면 비로소 보이는 것들

쉽고, 빠르고, 편리함을 위해 만들어진 현대 문명의 이기들. 하지만 편리하고 풍요로워진 만큼 인간은 더욱 인간다운 삶을 살게 된 것일까? 여기에 답을 주는 〈인간의 조건〉이라는 KBS2 프로그램이 있다.

빠르게 변해가는 속도에 맞춰 사느라 혹시 놓치고 있는 것은 없는지, 진짜 소중한 것은 무엇인지, 현대인의 필수품을 하나씩 가감해봄으로써 인간이 인간답게 살기 위한 조건을 고민해본다. 그 결과 의식주 등 생활 방식과 사고방식이 어떻게 변해가는지 보는 것이 프로그램의 핵심이다. 지상파 4개 채널별 최고 품질 1위에 오르기도 했다.

박성호, 김준호, 김준현, 허경환, 양상국, 정태호 등 6명의 개그맨이 합숙하면서 늘 주변에서 익숙하게 볼 수 있었던 것들을 일주일간 없애본다. 매주 무언가를 뺄 때마다, 그 빈자리엔

KBS2 〈인간의 조건〉 홈페이지/2013.1월부터 매주 토요일 11시 방송

새로운 의미가 채워졌다.

문명의 이기가 없어진 순간 삶은 불편하지만 소박해진 삶 속에서 잃어가고 있던 인간 본래의 모습을 잠시나마 되찾게 되는 시간을 누리게 된다.

이 프로그램은 휴대 전화, 텔레비전, 컴퓨터 없이 살기로 시작해서 자동차, 쓰레기, 전기 없이 살기, 산지 음식만 먹고 살기, 권장 칼로리로 살기 등으로 이어갔다. 산지 음식만 먹고 살기에서는 로컬푸드(Local Food)의 개념을 쉽게 이야기해 준다. 그저 맛있게 먹어대는 먹는 방송 '먹방'이 아니다. 물 없이 살기에서는 유엔 개발 계획의 발표에 따른 한 사람이 필요로 하는 최소한의 양인 물 20리터로 살아갔다. 개그맨들이 보인 작은 실천은 시청자에 경각심과 교훈, 동시에 깨알 웃음을 안겨 준다.

이 프로그램에서 추구하는 '아날로그적, 환경친화적 삶'의 온기가 느림과 비움의 철학과 맥을 같이한다. 문명의 이기를 없앤 불편함보다 오히려 이 때문에 문명에 길든 삶을 들여다보는 반사 효과가 더 크다. 빼면 더 재미있는 생활의 발견이다.

빼기라고 해서 무조건 손해가 되지 않고 때로 함께 살아가는데 좋은 것이 더해진다. 뺄수록 많은 걸 느끼게 하고, 되돌아보면서 깨닫는 게 더 많은 유쾌한 일상이다.

아이들을 위한 지구 환경 변화의 심각성을 서술한 『지구가 아파요』, 십 대를 위한 환경 서적 『지구가 뿔났다』만큼 유익한 프로그램이다. KBS2 〈인간의 조건〉이 바로 소박한 삶의 철학을 깨닫는 혜민 스님의 저서와도 같은 '멈추면 비로소 보이는 것들'인 셈이다.

## 속도 경쟁의 문명에 거는 브레이크

『참을 수 없는 존재의 가벼움』 『느림』이라는 작품을 쓴 20세기 최고의 작가 중 하나인 체코의 밀란 쿤데라는 현대 문명을 빠른 속도를 추구하는 집단 히스테리로 규정했다. 그는 현대 문명을 무한 질주하는 자동차나 오토바이에 올라탄 사람에 비유하고, 우리에게 익숙한 시공간을 해체하고 오로지 눈앞의 한 점만을 목표물로 보게 한다고 했다.

대한민국은 유난히 속도가 강조되는 사회다. 우리 사회 모든 곳에서 속도전이 벌어지고 있다. 무엇보다 '빠름빠름'만을 추구하는 스마트 폰, 트위터, 페이스 북 등 각종 IT 기술의 발달로 세상이 숨 가쁘게 변화하고 있다. 한국인 특유의 '빨리빨리' 문화는 압축 성장의 과실만큼 폐해가 크게 나타나고 있다. 사회에서는 온갖 부작용이 생겨났다. 조급증에서 나온 경쟁심과 욕망은 서로 헐뜯고, 시기를 부추겼다. 이혼율이 급증하고, 가족 간에 대화는 사라져버렸다.

이 속도의 원심력을 이기지 못하고 튕겨 나온 사람들은 패배감에 시달려야 했다. 무엇인지 끝 모를 목표만을 향해 전력질주하다 보니 지켜야 할 것들, 소중한 사람들의 손을 놓치기 일쑤였다. 남들보다 조금만 뒤처져도 열등감에 신음하는 사람들이 늘어나면서 자살률 또한 거기에 정비례하고 있다.

한국 사회에서 '바쁨'은 어느덧 권위의 상징이 되었다. 가장 권위 있는 사람은 여가를 즐길 시간조차 없는 자, 즉 바쁜 자이다. 사회 곳곳을 지배하고 있는 빠름빠름의 이데올로기 속에 나 홀로 여유를 즐기면, 게으르고 비효율적인 사람으로 낙인찍히기도 한다. 심지어 흔히 주고받는 인사말도 "요즘 바쁘시죠?"라고 묻는다. 그러면 바쁘지 않아도 "정신없죠, 뭐"라고 응수해야 한다. 은근히 바쁘게 살고 있다는 사실을 내비쳐야 소위 말하는 '잘 나가는' 사람이 된 것 같은 이유에서다. 한국 사회에서 바쁘다는 것은 곧 능력이고 미덕이며, 느림은 실패이고 죄악이다.

'빠름빠름'을 외치며 속도전으로 치닫는 21세기를 살아가고 있지만, 우리의 몸은 여전히 아날로그적인 감성을 추구한다. 빠른 디지털 사회에서 느린 콘텐츠, 수단은 빠른 것을 원하고 내용은 아날로그를 원한다고 할 수 있다.

아찔한 문명과 세태의 속도에 현기증을 느끼기 시작하면서 이제 사람들은 '느림'이나 '비움'에서 나오는 '평안'을 찾고 있다. 실적과 성장 이데올로기에 빠져 있던 우리 사회가 조금씩

‘쉼’에 눈을 돌리기 시작한 것이다. 창의적이고 지속적인 일을 하려면 휴식이 절대적으로 필요하기 때문이다. 일상 생활에 지친 많은 현대인이 이러한 주장에 동조함으로써 사회적으로 느림의 미학이 점차 확산하고 있다.

점차 우리에게 중요한 덕목으로 아날로그적 느림과 비움의 미학, 전통의 가치관이 주목받고 있다. 그래서 패스트푸드의 대항마로 슬로푸드가 생겨났고, 삶의 여유를 찾는 슬로라이프를 꿈꾸기 시작했다. 그러나 느려서 아름답고, 이름마저 여유로운 슬로시티조차 몇몇 지역은 속도의 구덩이에서 벗어나지 못해 재인증의 문턱에서 힘겨워하고 있다.

미국의 헨리 데이비드 소로는 1845년, 문명을 등지고 월든 호숫가에서 소박하고 원시적인 삼림 생활을 통해 인습에 구애받지 않은 새로운 삶을 실험했다. 그가 남긴 책 『월든』은 미국의 대학생들이라면 누구나 읽어야 할 교양 도서로 선정됐다. 지금까지 자연의 예찬과 문명 사회에 대한 통렬한 비판이 담긴 불멸의 책이라고 극찬받고 있다. 법정 스님이 가장 사랑했다는 책이다.

바쁘게 산다는 것이 꼭 올바른 방향임을 뜻하는 것은 아니다. 그렇다고 게으름을 미화하자고 느리게 살자는 것은 더더욱 아니다. 이미 〈슬로라이프〉를 최초로 제창한 일본의 문화인류학자이자 환경운동가인 쓰지 신이치나, 프랑스 작가이자 느림의 철학자 피에르 쌍소가 〈느리게 산다는 것의 의미〉를

강원도 봉평의 메밀꽃 필 무렵

통해서 설파했다. "삶을 어떻게 살아야 하는가?"라는 물음에 대한 해답 찾기다. 혜민 스님의 『멈추면 비로소 보이는 것들』처럼 사람들의 지친 마음을 토닥여 주고 위로해 주는 책들이 예찬받는 이유도 바로 이 때문이다.

'느림의 미학'은 사회 곳곳을 지배하고 있는 속도의 담론과 생산성의 경제에 대한 반항이 아닌 대안이다. 지금 이 순간 우리가 변해서는 안 될 소중히 지켜야 할 가치가 바로 느림의 미학이다.

## 가장 절실하게 배워야 할 멈춤의 기술

국가별 행복지수에서 1위를 차지한 히말라야 자락의 부탄은 GNH (Gross National Happiness: 국민 총행복 지수)라는 단어를 만든 나라다. 부탄의 4대 국왕 지그메 싱예 왕추크 왕은 전통적 가치 보존이야말로 국가가 추구해야 할 최고의 행복이라는 철학을 내걸고 부탄식 느린 성장 정책을 펼쳤다.

1999년에야 TV가 도입됐고, 군인보다 승려의 수가 더 많다. 담배의 제조, 판매가 금지된 세계 유일의 금연 국가다. 전 국민에게 의료와 교육을 무상으로 제공한다. 부탄 국민 100명

중 96명이 자신은 행복하다고 말한다. 부탄의 국민소득은 연 1,200불에 불과한 가난한 나라다. 국민소득 2만 불의 한국은 143개국 중 행복지수 68위다.

롤프 옌센은『드림 소사이어티』에서 미래를 이야기했다. 빠르게 변화하는 시대 속에서 사람은 자기를 찾게 되고, 새로운 무언가를 찾게 되고, 새로운 꿈을 찾아 나선다는 것이다. 정작 우리가 추구해야 할 꿈이 있는 사회는 빠른 사회가 아니라 평안을 추구하는 사회다.

우리는 이제껏 인생이라는 길 위를 달려오며 과속을 하고 있다. 과속의 원인은 남보다 더 높이 오르려는 욕망, 더 빨리 앞서 가려는 욕망, 더 많이 가지려는 욕망에서 기인한다.

가던 길 멈추고 자신이 도대체 어디로 가고 있는지 내면의 외침에 귀 기울여 보자. 자신의 내면으로 들어가 인생에서 가장 소중한 것과 내 인생의 우선 순위를 어떤 기준으로 정해야 하는지 다시 생각해 보자. 우리가 지금 가장 절실하게 배워야 할 기술이 있다면 그것은 바로 '멈춤의 기술'이다. 멈춰야 할 때가 언제인지를 제대로 알아야 한다. 그리하여 어떻게 멈추는 것이 가속도가 붙은 내 몸에 무리를 주지 않고 제동을 걸 수 있는지 깨달아야 한다.

입버릇처럼 "바쁘다"고 말했다면 왜 그렇게 바쁜지, 무엇을 위하여 살아가고 있는지 사색해보자. 그렇다면 바삐 움직인 그 모든 사람이 과연 더 많은 것을 가지고 있고, 더 앞서 나아갔고, 더 높이 올라갔을까? 우리는 과속만 배웠지 경제속도가 주는 지혜를 잊고 살아온 셈이다. 인생은 무조건 빨리 가야 하는 경주가 아니다. 무조건 수익을 남겨야 하는 비즈니스도 아니다. 인생은 여정이다. 그러므로 인생 여정에서 우리는 무엇보다도 우리 자신을 만나야 한다. 우리가 정작 찾아야 할 것은 마지막 목적지가 아니라, 그곳까지 가는 여정 그 자체다.

19세기 세계적인 심리학자 카를 구스타프 융은 "인생의 아침 프로그램에 따라 인생의 오후를 살 수는 없다."고 말했다. 아침에는 위대했던 것들이 오후에는 보잘것없어지고, 아침에 진리였던 것이 오후에는 거짓이 될 수 있기 때문이다.

축구에서도 전반전과 후반전의 전략이 달라야 이길 수 있듯 인생도 그와 마찬가지이다. 고르디우스의 매듭과 같이 얽히고설킨 인생사의 실타래를 알렉산더 대왕처럼 잘라버리자. 여태껏 세상이 요구하는 삶을 수동적으로 살아왔다면 지금부터는 자신이 진정으로 원하는 삶을 능동적으로 살아가야 하지 않겠는가.

진정한 우리 삶의 행복은 무엇인가? 가장 빠른 길이 가장 좋은 길은 아니다. 고속도로에서 피로가 몰려오면 휴게소에서 잠시 쉬어가듯, 인생의 긴 여정에서도 가끔은 숲 속 한적한 길로 접어들어 도대체 나는 어디로 가고 있는지 자신의 모습을 천천히 성찰하는 느림의 시간을 가져야 한다. 바람이 길을 묻거든, 가던 길 멈추고 행복의 의미를 되새길 때다.

한 박자 쉬어가는 여유와 긍정적인 삶의 여백에서 행복이 나온다. '내려놓아야 들어 올릴 수 있다'는 게 느림과 비움의 철학이다. 어른이 되어도 슬픈 일은 슬프다. 아픈 일은 아프다. 어른이 되어도 서러운 날이 있고, 외로운 날이 있다. 어른에게도 끌어안고 울 곰 인형이 필요하다. '인생의 절반쯤 왔을 때 깨닫게 되는 것들'이다.

# 04
# 다시 쓰는 교육학 개론

세종대왕과 미셸 오바마의 밥상머리 교육의 힘
'공부의 신(神)'이 아니라 '독서의 신(神)'으로 키워라
'호모 사이언티피쿠스'를 만드는 자연사박물관
한자(漢字)를 알면 열 자를 깨친다.
한문 · 서예 · 예절이 있는 도심 속 서당의 재발견
영화 〈완득이〉 〈방가방가〉로 배우는 다문화 이야기

# 세종대왕과 미셸 오바마의 밥상머리 교육의 힘

지난해 밥상머리에서 가족 간 대화가 없는 것을 소재로 한 개그가 한동안 유행 했다. 무뚝뚝한 경상도 아빠와 사춘기 아들, 그리고 이들의 따뜻한 말 한마디가 그리운 엄마를 개그로 승화했다. 이 개그가 유행했던 이유는 뭘까?

밥상머리 교육'은 본래 우리나라 교육의 뿌리였다. 일찌감치 우리 선조는 밥상머리 교육의 효과를 높이 샀다. 밥상머리에서 더불어 사는 삶의 지혜, 인내, 배려 등 기초적인 사회성을 가르쳤다.

온 가족이 둘러앉은 밥상은 단순히 생명 유지를 위한 한 끼 식사가 아니라 가족 공동체의 체험을 통한 전인교육의 장이었다. 따라서 우리 교육의 근원은 곧 가정이요, 밥상머리 교육이야말로 진정한 가정교육이었던 셈이다.

경제 협력 개발 기구(OECD) 국가에서 일주일에 서너 번 부모

〈SBS 특집 다큐멘터리: 밥상머리의 작은 기적〉 자녀와 함께 식사를 하면서 대화를 하는 것보다 훌륭한 교육법은 없다.

와 함께 식사하는 청소년의 비율은 78.3%다. 경쟁적인 산업 사회에 진입하면서 가족이 함께하는 시간과 횟수가 적어지고 특히 식사를 함께할 여유가 줄어든 것은 사실이다.

밥상머리는 인성교육의 산실이다. 밥상머리 교육이 아이의 인성을 좌우한다. 자녀의 학원이나 독서실, 부모의 회식 등으로 건너뛰기엔 너무나 소중한 시간이다. 부모도 바쁘다는 핑계를 대지만 실제론 컴퓨터나 TV 앞에서 낭비하는 시간이 많다. 밥상머리에서 아이들이 다른 사람과 소통할 수 있는 능력을 길러줘야 한다.

동서고금을 막론하고 밥상머리는 아이들에게 바른 인성을 길러주고 삶의 지혜를 가르쳐 주는 살아 있는 교육의 장이다.

## 세종대왕의 밥상머리 교육

밥상머리 교육은 동서고금의 '교육 진리'이기도 하다. 세종은 왕자 시절에 아버지 태종이 걱정할 정도로, 등극 이후에는 신료들이 건강을 염려할 정도로 공부에 몰입했다. 독한 공부는 업적으로 구현됐다. 정치, 문화, 경제, 군사, 과학, 역사 등 다양한 분야에서 빼어난 일들을 해냈다. 세종의 궁극적 꿈은 예의 국가 완성이었다. 윗사람을 공경하고 아랫사람을 보살펴 사람답게 사는 사회를 건설하는 것이다.

이는 왕실부터 솔선수범해야 효과적이다. 세종은 만백성의 바른 통치에 나섰다. 아버지 태종에게 무릎을 꿇었고, 노인에게는 일어서서 답례했다. 제왕의 모습이 아닌 아들과 연소자의 예절을 택했다. 또 최고의 스승은 아버지임을 인식하고 세자와 수양대군을 직접 가르쳤다. 밥상머리 교육이었고, 스토리텔링 교육이었고, 내리 공부였다.

세종대왕은 세자 문종과 수양대군을 직접 가르쳤다. 세종은 날마다 세자와 더불어 세 차례 식사를 같이했다. 밥을 먹은 뒤에는 세자가 동생들에게 옛 교훈에 대해 말하게 했다. 이뿐 아니라 며느리를 훈계하기 위해 『열녀전』을 가르쳤고, 왕족에게는 엄격한 원칙을 요구하며 종학에 입학시켜 교양 교육을 받게 했다. 세종은 나라를 경영하는 데는 실용학과 인문학이 융합돼야 한다고 생각했다. 그래서 신료들에게 실용학인 역사학 공부를 권유했다.

밥상머리 교육은 동서양을 막론하고 명문가에게서도 많이 이루어졌다. 조선 시대 이율곡선생을 키워낸 신사임당, 대표적인 사대부 류성룡 선생 집안의 밥상머리 교육과 미국의 명문가인 케네디 가문 식사 시간의 근본적인 가르침은 같다.

동 · 서양 대표 명문가의 핵심 교육법은 대부분 독서 교육과 밥상머리 교육이었다. '어른이 숟가락을 들기 전에 숟가락을 들어선 안 된다'는 가르침은 먹고 싶은 음식을 앞에 두고 참을성과 절제력을 키우려는 목적이었다. 식사 때만큼은 모든 가족이 함께 모여 나눠 먹는 것을 강조했다. 이는 타인에 대한 배려의식을 일깨우기 위함이었다. 식사 시간을 통해 아이들이 바른 품성을 가진 성년으로 자랄 수 있도록 가르친 것이다.

밥상머리 교육이 꼭 식사 시간에만 국한된 것은 아니다. 일이 정말 바빠 가족과의 식사 시간을 거르게 될 때는 편지로 대신할 수 있다. 다산 정약용은 18년의 긴 유배 생활을 했다. 그러면서도 멀리 떨어진 자녀에게 편지로 가정 교육한 것으로 유명하다. 다산은 편지로 자녀와 교류하면서 아버지의 역할을 게을리하지 않았다. 그의 다산 문집 18권과 21권에는 자녀에 대한 편지가 26통 수록돼 있다. 아버지로서 세심한 배려가 배어 있는 내용이다. 한석봉의 어머니가 아들 앞에서 떡을 썬 이유도 어찌 보면 밥상머리 교육을 솔선한 셈이다.

## 미셸 오바마와 유대인의 밥상머리 교육

가족의 또 다른 이름인 '식구(食口)'는 '함께 밥 먹는 사람'이란 뜻이다. 이는 서양도 다르지 않다. 친구(companion)와 회사(company)라는 말의 어원은 '빵을 함께하는 사람들'이란 뜻이다. 라틴어에서 'com'은 '함께'라는 뜻이고 'pan'은 '빵'을 말한다. 결국, 함께 식사한다는 것은 단순히 허기를 달래는 것 이상의 의미를 지닌다. 이를 가장 잘 실천한 민족 중 하나가 유대인이다.

오늘날 교육의 모범으로 꼽히는 유대인의 저력도 밥상머리 교육에서 비롯됐다. 유대인의 가족 식사 근본은 우리나라 유교 사상의 밥상머리 교육과 일치한다. 유대인은 전 세계 인구의 0.2%에 불과하면서도 역대 노벨상 수상자의 30%를 배출했다. 이런 유대인은 식사 시간마다 가족들이 유대인들의 지혜를 총망라한 『탈무드』에 관해 얘기하고 토론한다. 설사 밥 먹는 도중 아이가 잘못했더라도 꾸중은 나중에 한다. 아이를 하나의 인격체로 대우하기 때문이다.

이스라엘은 토요일에 음식점과 유원지, 박물관 등이 거의 문을 닫는다. 버스 등도 운행하지 않고 택시를 타려면 30% 할증 요금을 내야 한다. 금요일 해질녘부터 토요일 밤까지 이어지는 이 같은 안식일을 '사바스(Sabbath)'라 부른다. 자연스럽게 온 가족이 집에서 함께 시간을 보내는 가정의 날이 되는 것이다.

미국 케네디가(家)도 밥상머리 교육에서 유대인에 뒤지지 않았다. 케네디 전 대통령의 어머니 로즈 여사는 식사 시간이 지나면 자녀에게 밥을 주지 않았다. 약속과 시간의 소중함을 일깨우기 위해서였다. 식사 시간 중에는 미리 읽은 신문 기사나 책에 대해 서로의 의견을 나눴다. 식사 시간은 보통 2시간을 넘겼다. 이는 케네디 전 대통령이 토론과 연설에서 뛰어난 능력을 발휘하는 데 큰 힘이 되었다.

미국 대통령 영부인 오바마 미셸의 밥상머리 교육법도 화제다. 그녀는 퍼스트 레이디이면서도 모든 기득권을 내려놓는 가정 교육으로 더 유명하다. 두 딸에게는 컴퓨터, TV, 휴대 전화기를 허락하지 않는 삼무(三無) 교육을 하고 있다.

휴대폰은 고등학교 이후에 주기로 하고, 평소 텔레비전과 컴퓨터 사용 시간은 엄격히 통제한다. 평일에는 숙제나 교육 일부로만 사용하고 그 외는 일절 금지한다. 유일하게 주말에만 사용할 수 있다. 그리고 몇 가지 금기가 있다. 책임감과 경쟁력을 길러주기 위해서다.

첫째, 무슨 일이 있어도 학교에는 가야 한다. 둘째, 운동은 두 가지를 해야 한다. 하나는 본인이 선택, 다른 하나는 미셸이 골라준다. 어려운 운동을 골라 고생하면서 배우는 방법을 터득할 기회 제공하기 위해서다. 셋째, 무엇이든 한번 배우기 시작하면 중도에 포기하지 못하게 한다. 넷째, 백악관 집사들이 있어도 자기 방은 스스로 정리하고, 방을 청소해야 한다. 다섯째, 식사할 때는 채소를 꼭 먹게 한다. 과자는 식사를 다 마친 후에만 허용한다. 오바마 대통령도 저녁은 될 수 있으면 가족과 함께하고 있다. 훌륭한 가정 교육이 아닐 수 없다.

## 밥상머리 교육 어떻게 해야 할까?

가족 식사를 자주 하면 가족이 모두 행복해 진다. 가족 식사를 통해서 가족 간에 강한 유대감이 생기고, 행복감을 느끼게 된다. 밥상은 가족이 자연스럽게 만날 수 있는 최고의 장소다. 자녀에게 훈계하거나 억지로 예절 교육하기보다는 자녀의 말을 경청하는 자세가 필요하다.

밥상머리 교육의 효과가 크다는 걸 알아도 어디서부터 실천해야 할지 막막하다. 먼저 일주일에 두 번 이상을 '가족 식사의 날'로 정하는 방법이 있다. 주중과 주말 한 번씩은 꼭 가족 모두가 모여 식사하도록 약속하는 것이다. 가족 식사 장소는 될 수 있으면 집이 좋다. 대신 시간과 날짜는 미리 못 박아 둔다.

식사 준비도 어머니에게만 맡기기보다 아버지와 아이들 모두 함께 참여할 수 있는 메뉴를 정한다. 식사 도중 TV 시청이나 전화 통화는 금한다. 충분히 대화가 오갈 수 있도록 음식을 천천히 먹는다. 상대방이 얘기할 때는 집중해서 듣고 가능한 한 부정적인 말을 피한다. 중요한 것은 작은 일에도 서로 칭찬하고 공감해 주는 점이다. 특히 아이들이 말할 때는 중간에 끊지 말고 끝까지 경청하는 습관을 들여야 한다.

가족이 함께 머리를 맞대는 밥상은 가정의 심장이다. 가족 구성원에 대한 불만을 토로하고 해법을 함께 찾는 공간이기도 하다. 자칫 밥상머리 교육이 아이들을 훈계하거나 잔소리하는 시간이 되어서는 안 된다.

밥상머리 교육을 잘하려면 어른들이 먼저 아이들과 대화하는 법부터 배워야 한다. 대화 소재로는 가벼운 일상 얘기부터 시작하되 단답형 질문보다는 '어떻게 하면 좋을까?' 식의 열린 질문이 좋다. 가령 아이에게 "오늘 학원은 잘 다녀왔니, 숙제는 다 했고?" 하는 식의 질문보다는 "오늘 학교 끝나고는 무엇을 했니, 요즘 숙제를 열심히 하던데 오늘은 어떤 숙제를 했어?" 식의 질문이 더욱 좋다.

아이들을 칭찬할 때도 추상적으로 뭉뚱그려 말하는 대신 구체적으로 얘기해 줘야 한다. "요즘 많이 좋아졌어." "오늘 참 잘했어." 라고 말하기보다는 "요즘 네가 약속시각을 잘 지켜서 엄마는 참 좋아" "오늘 네가 친구를 잘 도와주는 모습을 보니 정말 멋있고 대견했어." 하고 말하는 게 칭찬의 효과가 더 크다.

세상에서 가장 따뜻한 곳은 가족과 함께하는 밥상이다. 세상에서 가장 훌륭한 교실은 가족이 함께 둘러앉은 밥상이다. 기본적인 예절교육과 인성교육은 활자화된 책과 제도권 교육이 전부가 아니다. 밥상머리에서 조금씩 예절교육을 하는 것은 가정과 공동체, 사회의 건강성과 격조를 높일 수 있는 손쉽고 효과적인 실천 덕목이다. 다른 사람을 배려하고 공공질서를 지키는 책임 있는 시민은 건강한 가정에서 키워낸다.

# '공부의 신(神)'이 아니라 '독서의 신(神)'으로 키워라

독서 교육이 중요하다는 걸 모르는 사람이 있을까? 많은 영재가 가진 공통점은 풍부한 독서량이다. 글쓰기 능력이란 따로 존재하는 것이 아니다. 풍부한 독서와 다양한 체험의 기름진 토대 위에 자연스럽게 피는 꽃 같은 것이다. 창의력과 아이디어는 많은 정보를 접할 때 생기는 법이다. 독서는 유용한 정보를 접할 수 있는 가장 손쉬운 방법의 하나다.

새로운 책을 읽을 때 새로 습득한 지식을 정리하는 것도 중요하지만, 그 책을 읽으며 떠오르는 기존에 알고 있던 내용을 정리하는 것도 창의력을 기르는 데 필요하다. 책을 읽을 때 주제와 관련된 책의 내용을 떠올려서 연결하여 읽는 것도 하나의 방법이다.

이 경우 책의 주제를 더욱 깊이 있고 다양하게 접할 수 있으며 다른 주제와 영역으로 확장하여 생각의 폭을 넓힐 수 있다.

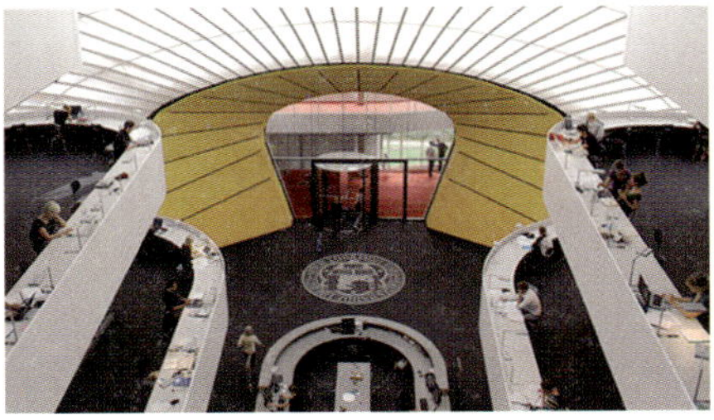

영화 〈이퀼리브리엄〉이 생각나는 미래적이고 초현실적인 베를린 도서관의 모습.

다독(多讀), 다작(多作), 다상량(多商量)'은 아직도 불변의 진리다.

율곡은 책을 읽을 때 바삐 책장을 넘기지 말고 숙독하고 정독하라고 당부했다. 다산 정약용이 강진 유배 시절, 아들 학유에게 부친 편지는 아직 유효한 독서 방법론이다. "내가 몇 년 전부터 독서에 대하여 깨달은 바가 무척 많다. 마구잡이로 그냥 읽어 내리기만 하는 것은, 하루에 천 번 백 번을 읽어도 오히려 읽지 않는 것과 다를 바가 없다. 무릇 책을 읽을 때 도중에 의미를 모르는 글자를 만날 때마다, 널리 고찰하고 세밀하게 연구하여 그 근본 뿌리를 파헤쳐 글 전체를 이해할 수 있어야 한다. 날마다 이런 식으로 책을 읽는다면, 한 가지 책을 읽더라도 수백 가지의 책을 엿보는 것이다." 다산은 긴 유배 기간 동안 멀리 떨어진 자녀에게 편지로 가정 교육을 했다.

지금은 사라졌지만, 화순 인근에 있는 동화사에서 청년기 다산과 약전 형제는 독서를 하며 꿈많은 시간을 보냈다. 대과 급제 후 정조대왕의 총애 속에, 거칠 것 없이 여러 벼슬을 두루 거쳤던 탁월한 다산은 어느 날 비운의 귀양 길에 오르게 된다. 그로부터 다산은 '수기치인(修己治人)'으로 압축되는 유학(儒學)의 진면목 회복을 일생의 사명으로 삼고 필생의 노력을 기울였다. 그 결과 18년에 걸친 긴 유배 기간 동안 저술한 것이 230권이었고, 총 503권에 달하는 불굴의 대저작을 세상에 내놓았다.

## 책 읽기를 해주면 창의력을 기를 수 있을까?

교육에서 창의력에 관한 관심이 뜨거워지고 있다. 창의력은 자신이 가지고 있는 지식을 바탕으로 새로운 경험을 더해 또 다른 무언가를 생각해 내는 능력이다. 아무것도 없는 상태에서 새로운 무언가를 생각해 내는 능력이 아니므로 창의력을 키우려면 그 사람의 사고에 밑바탕이 되는 배경 지식이 중요하다. 기존의 지식이나 경험이 새로운 자극을 통해 서로 원활하게 작용하여 창의적인 생각을 표출하는 것. 이런 점에서 창의력은 독서와 관계가 깊다.

어렸을 때에는 제법 책을 읽던 아이도 학년이 올라가면 점점 책을 멀리하는 경우가 많다. 초등학교 5~6학년쯤 되면 대부분 책을 싫어한다. 결정적인 이유는 부모나 교사가 책을 읽어 주지 않기 때문이다. 아이의 읽기 능력을 키우는 최고의 방법은 어릴 때부터 책을 소리 내 읽어 주고, 이는 전 학년 동안 지속해서 이뤄져야 한다. 왜 그럴까.

사람이 뇌에 단어(학습의 기초)를 집어넣는 길은 눈과 귀가 있다. 그런데 아이가 태어나서 눈으로 책을 읽게 되기까지는 몇 년이 지나야 한다. 아이는 스스로 책을 읽기 전까지 부모가 들려주는 이야기를 들으며 머리에 '생각의 집'을 짓는다.

자녀가 글자를 익힌 뒤에도 책은 꾸준히 읽어줘야 한다. 듣는 이해력이 읽는 이해력에 선행하기 때문이다. 전문 연기자처럼 생생한 구연을 위해 애쓸 필요는 없다. 실감 나는 구연보단 소통이 중요하다. 구연의 기본은 소통이다. 아이들과 눈도 마주치고, 감상하고 상상할 여유를 주는 게 중요하다. 혼자 읽어주다가 학생이 역할을 맡아 읽게 하면 이야기 몰입도를 높일 수 있다. 이 경우 책의 내용을 끊임없이 상상하게 되고 다양한 생각과 감정을 표현할 수 있다. 이때 감각 기관을 동원하여 상상한 내용을 목소리 흉내나 상황극을 통해 표현하면 뇌 활동이 더욱 활발해져 창의력을 발달시킬 수 있다.

읽어주는 시간은 10~20분이 적당한데, 책에 따라 더 길거나 짧아질 수 있다. 부모와 자녀가 같은 책을 읽고 서로에게 질문하며 자극을 주는 것도 창의력 발달에 좋다. 예를 들어 '사람에게 날개가 있다면 어떤 일이 일어날까?' 식의 질문은 무한한 대답이 나올 수 있는 열린 사고의 질문이다. 이런 질문은 아이에게 여러 가지로 많은 생각을 하게 할 수 있다. 수학 문제처럼 정답이 있는 경우가 아니라면, 아이의 답이 틀려도 틀렸다는 말은 바로 하지 않는 것이 바람직하다.

한 가지 질문이더라도 아이가 얼마나 많이 또 얼마나 다양한 대답을 유도해 내는가가 중요하다. 아이에게 던지는 질문 하나하나가 모여 아이 자신만의 방식으로 문제 해결 능력을 키우고 이 과정을 통해 종합적 사고력을 키울 수 있다. 책 읽어주기 못지 않게 글쓰기와 이야기 나누기도 중요하다. 읽고, 쓰고, 생각하는 것은 떼려야 뗄 수 없다.

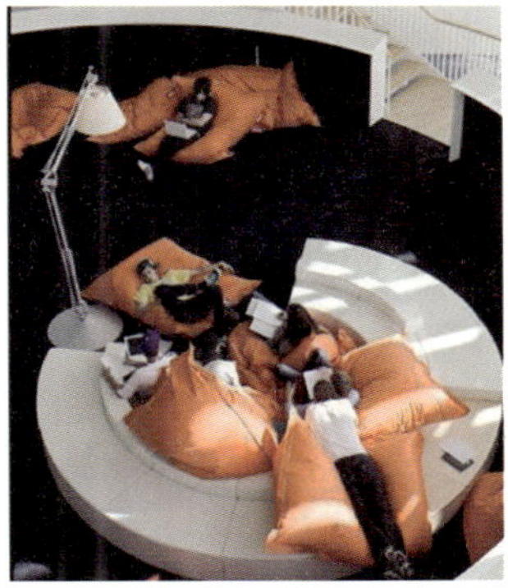

푹신한 쿠션에 누워 책을 읽는 덴마크 뢰스타드 교육 센터

## 창의력, 그 핵심에 '독서'가 있다

중학교 자유 학기제가 2016년부터 전면 도입되면서 평가 방식에서도 창의력이 더욱 중요해졌다. 자유 학기제는 국어와 영어, 수학은 주입식보다 토론과 문제 해결 중심의 수업이다. 사회와 과학 등은 실험과 실습, 프로젝트 수행 중심의 수업으로 각각 바뀐다.

예컨대 국어 시간에는 교사가 전문 미디어 강사와 함께 글쓰기나 신문활용교육(NIE)을 진행할 수 있어 단순한 암기보다는 창의적 사고력을 얼마나 잘 발휘할 수 있는지가 중요해진다. 읽고, 듣고, 말하고 쓰고 생각하는 독서 활동은 뇌를 자극하여 창의력을 기를 수 있는 효과적인 방법이다.

특히 논술은 그 목표가 입시를 위한 것이든, 교양을 위한 것이든 말하기와 글쓰기를 잘하기 위함이다. 즉, 표현을 잘하고

자 하는 것이다. 그러나 중요한 것은 내용이다. 표현은 내용을 드러내려는 수단에 불과하기 때문이다. 표현할 내용이 없는데 잘 표현할 수 있다는 건 말이 안 된다.

그러므로 어떻게 좋은 내용을 갖출 것인가가 어떻게 논술을 잘할 것인가에 대한 대답이 된다. 논술은 논리적이고 비판적인 사고를 측정하는 시험이다. 결국, 논술은 종합적인 사고력을 평가하는 시험이고, 이는 독서와 토론을 통해 길러진다.

논술을 잘하려면 좋은 글을 많이 읽고, 많이 쓰며, 많이 생각해야 한다. 좋은 책은 우리들의 생각의 지평을 넓혀준다. 책 속에 담겨 있는 수많은 이야기와 그 속에 담긴 문제의식은 우리에게 우리가 사는 세상에 대한 새로운 시각을 보여준다. 문제를 인식하고 해결을 모색하는 책 속의 생각을 따라가다 보면 세상과 삶을 비판적으로 이해하고 분석하는 습관 또한 함께 길러진다.

문제는 어떤 책이 좋은 책이냐는 것이다. 우선 누구나 동의할 수 있는 좋은 책은 고전이다. 고전은 우리의 삶과 사회에 대한 날카로운 통찰을 바탕으로 하고, 단편적인 문제의식에서 벗어나 종합적이고 체계적인 사유를 보여준다는 점에서 훌륭한 배움의 도구이다. 그러나 학생들이 읽기에는 다소 어려울 수도 있다. 그렇다면 괜찮은 입문서를 통해 고전의 문제의식과 사유 체계를 접하는 것도 좋은 방법이다.

고전이 아니더라도 학생들의 사고를 향상해줄 수 있는 좋은 책들이 많다. 좋은 책을 고르려면 그 책이 '세상과 삶에 대한 문제의식이 있는가? 그리고 그 문제의식이 단편적인 생각에 기초하는가, 종합적인 성찰에 바탕을 두는가?'를 기준으로 삼으면 될 것이다.

책을 읽는다고 그것이 다 자기 것이 되는 것은 아니다. 읽은 내용을 자기 것으로 소화하는 과정이 필요하다. 대화나 토론은 이러한 검증을 위한 좋은 방법이다. 가능하다면 자신보다 식견이 있고 경험이 많은 사람과의 토론이 훨씬 도움된다. 독서를 한 뒤에는 다른 사람과 의견을 나누면서 자기 생각과 비교해 보는 것도 필요하다. 그렇지 않으면 자신만의 독단에 빠질 수 있다.

결국, 중요한 것은 무엇을 읽느냐가 아니라 읽은 것을 소화하는 능력이다. 독서는 우리 내부에 잠들어 있는 심상과 느낌을 일깨울 수 있어야 한다. 심상은 우리의 정신 안에 깃들어 있으면서 우리의 생각을 반영하고 우리를 흥미로운 사람으로 만들어주기 때문이다.

책은 하나하나의 정황에 꼭 맞는 구체적인 '레시피'를 주기도 하지만, 여러 이슈에 두루 원용할만한 '마스터 키'를 주기도 한다. 자신이 책을 통해 얻은 생각이 단편적인 사고에 그치지 않고 자신의 사유 전체의 체계 속에 녹아들려면 새로운 생각들을 다듬을 필요가 있다. 생각을 다듬는 가장 좋은 방법은 글쓰기이다. 글이란 결국 사고의 표현이기 때문에 좋은 글을 쓰려면 자기 생각을 다듬을 수밖에 없기 때문이다.

무엇보다 명문가의 부모들은 자녀를 '공신(工神)'보다 '독신(讀神)'으로 만드는 데 열정적으로 앞장섰다. 독신이야말로 대학 입학뿐만 아니라 사회에 나가서도 반드시 필요한 이상형이라고 할 수 있다. 결국 문제는 독서 교육이다.

# '호모 사이언티피쿠스'를 만드는 자연사박물관

자연사박물관의 야간 경비원이 근무 첫날 끔찍한 일을 겪는다. 중앙 전시실에 놓여 있던 티라노사우루스 화석이 살아 움직이고, 루스벨트 대통령 밀랍 인형이 진짜 사람으로 환생한다. 영화 〈박물관이 살아있다〉는 뉴욕의 미국 자연사박물관에 전시된 유물이 밤마다 되살아난다는 기발한 상상력을 바탕으로 만든 영화다.

자연사박물관은 자연사의 전 분야에 대한 자료를 다루는 곳이다. 일반 박물관이 역사 · 예술 · 민속 등 고고학자료를 중심으로 수집 · 보관 · 진열한다면, 자연사박물관은 자연계를 구성하는 자료들을 다루는 박물관이다. 대자연의 진화 과정을 한눈에 볼 수 있다. 미국 워싱턴, 런던, 파리 등에 있는 국립 자연사박물관은 국민을 위한 자연사 교육 공간이다. 런던 자연사박물관은 18세기부터 영국이 정성을 들여 키워온 영국 사회 전체

영화 〈박물관이 살아있다〉 포스터

의 합작품이다. 뉴욕의 미국자연사박물관은 1887년에 개관한 세계 최고 수준 박물관이다. 광석, 생물, 우주, 고대 문명, 문화를 총망라한 전시품의 규모와 수준이 압도적이다. 요즘에는 전시 품목에 대한 설명을 돕는 다양한 IT기술이 결합해 새로운 체험을 제공한다.

우리는 경제협력 개발기구(OECD) 국가 중 국립 자연사박물관 하나 없는 유일한 나라다. 국립 자연사박물관을 열망한 지도 20여 년이 지났다. 그동안 정부는 국민과 학계의 간청을 외면하고 건립을 미뤄왔다. MB 정부에서도 역사박물관 등에 밀려 또 미뤄졌다. 앞으로 세종시에 미국 스미스소니언을 벤치마킹한 국립 자연사박물관이 들어설 예정이다.

## 자연사 박물관은 상상력의 보물섬

자연사박물관은 그 나라의 자연과 생태계를 연구하고 미래 세대에 영원히 물려줄 국가 문화 유산과도 같은 존재다. 일반 자연사박물관은 미국엔 1,000여 곳, 영국 · 프랑스 · 독일 등에 각각 300~600여 곳, 이웃 일본에도 150곳이 넘는다. 우리나라는 고작 10여 곳에 불과하다.

우리나라는 박물관이나 과학관이 어쩌다 가는 곳이지만, 미국이나 유럽은 놀이터나 마찬가지다. 일단 집이나 학교 가까운 곳에 크고 작은 박물관이 많다. 세계 최대의 스미스소니언 등 국 · 공립 박물관의 입장료는 무료다. 유료인 곳도 있지만, 1회 입장료와 연간 회원권이 별반 차이가 없다. 대부분 연간 회원권을 구매해 수시로 찾는다. 민간이 설립한 것도 영리를 추구하지 않는다면, 운영비를 국가에서 지원해 준다. 또 기부금이나 기업 후원금 등이 많아 운영에 어려움이 없다.

프랑스 학교에서는 매주 번갈아가면서 박물관, 과학관 등으로 현장 학습을 간다. 아이들은 수많은 전시물을 일일이 다 보지 않는다. 박물관은 늘 가는 곳이기 때문에 마음에 드는 것을 골라 그리거나 노트에 적어온다. 나머지 시간은 그냥 자유롭게 논다. 외국인 관람객이 많은 파리의 대표적 박물관인 루브르, 퐁피두 센터, 오르세 미술관 등을 제외하고 대부분 무료라서 부담도 없다.

그러나 우리나라는 한 해에 한두 번 체험 활동 시간에 가는 게 고작이다. 자녀 교육에 관심 있는 학부모가 박물관이나 미술관에 이따금 아이를 데려간다. 그러면 아이보다 엄마가 더 바쁘다. 아이를 여기저기 끌고 다니면서 설명해주는데, 영 성이 차지 않는다. 입장료가 비싸서 본전을 뽑아야 한다는 생각이 앞선다.

아이가 박물관이나 과학관에서 오감을 통해 체험한 신비롭고 경이로운 경험들은 나중에 어떤 직업을 갖든지, 자기 분야에서 뛰어난 창의력을 발휘하는 촉매 역할을 한다. 스티븐 스필버그가 감독했던 영화 〈쥐라기 공원〉, 〈인디아나 존스〉, 〈우주전쟁〉 등과 〈아바타〉는 공통점이 있다. 이 영화들은 46억 년이나 된 지구를 뛰어넘는 우주의 시간과 공간에 관한 이야기를 담고 있다.

영화 〈아바타〉에는 지구가 아닌 다른 공간의 진귀한 광물과 희한한 동식물, 하늘을 나는 나비 족들이 등장한다. 제임스 캐머런은 이러한 생명체의 모습을 만들어낼 실마리를 어떻게 얻었을까. 캐머런 감독은 어릴 때 온타리오 자연사박물관에 드나들면서 이러한 창작소재의 실마리를 얻었다. 헬렌 켈러는 53세의 나이에 쓴 수필집 『단 사흘만 앞을 볼 수 있다면』에서 둘째 날엔 자연사박물관에 가서 과거 자연과 인류가 어떤 과정을 밟아왔는지 보고 싶다고 토로했다. 호기심을 성공으로 바꾼 스티브 잡스도 신제품을 고안하고 새로운 아이디어를 창출하고자 할 땐 언제나 박물관이나 미술관을 찾았다.

데니스 홍(한국명 홍원서 · 42) 버지니아공대 기계공학과 교수는 미국에서 젊은 천재 공학자로 꼽힌다. 미국 과학잡지 『포퓰러 사이언스』가 선정한 '과학계를 뒤흔든 젊은 천재 10명' 가운데 한 명이다. 홍 교수는 시각 장애인이 운전할 수 있는 자동차도 개발했다. 『워싱턴포스트』는 이를 두고 "달 착륙에 버금가는 성과"라고 평가했다. 그는 뉴욕의 미국 자연사박물관에 전시된 사슴의 무릎 관절에서 힌트를 얻어, 휴머노이드 로봇 찰리의 이중 4절 관절을 생각해냈다. 시카고 과학 산업 박물관에서도 많은 아이디를 얻었다고 한다.

## 계룡산 자연사박물관은 최고의 창조학교 '애플스쿨'

우리나라는 대부분 고고학을 중심으로 한 역사 유물 박물관 위주다. 자연사 분야의 박물관은 많지 않다. 계룡산 자연사박물관은 국내 최대 규모의 민간 자연사박물관이다. 충남 공주시 반포면 계룡산 장군봉 밑자락에 있다. 아이들이 순수 과학과 자연 생태계의 변천사를 한눈에 볼 수 있는 문화 공간이다. 대덕특구 지질연구원 안에 있는 지질 박물관과 함께 과학 교육 탐구 학습에 좋은 곳이다.

1956년부터 안과 병원을 운영하며, 1977년에 대전 보건 대학을 설립한 고 청운 이기석 박사의 "노벨상은 자연사박물관 수에 비례한다."는 신념에 따라 2004년 개관했다. 한 사람의 아름다운 집념으로, 쉽지 않은 자연사라는 분야를 개척해 만들어낸 지역의 소중한 자산이다. 입구에는 만유인력의 원리를 발견하게 한 뉴턴의 사과나무 4대손이 있다.

문을 들어서면 '청운이'라는 우리말 이름이 붙여진 브라키오사우루스가 관람자들을 맞는다. 가장 큰 초식 공룡 가운데 하나다. 미국 와이오밍 주에서 발견된 브라키오사우루스 화석

계룡산 자연사박물관에 전시된 가장 큰 초식공룡 브라키오사우르스. 전 세계 박물관 단 3곳에서만 전시하고 있다.

을 국내 최초로 대전 보건대학 박물관 팀이 직접 모든 과정을 보존 처리한 진품 공룡 화석 표본이라 그 의미가 더욱 크다. 수집과 전시는 사적으로 시작했지만, 이미 공개된 전시물들은 우리 모두의 공공적 재산이나 마찬가지다. 현재 대전 보건대학 문화재과 조한희 교수가 제2대 관장으로 활발하게 운영하고 있다. 계룡산 자체의 빼어난 자연 경관이 박물관과 어우러지며 관람객을 위한 다양한 전시와 교육 프로그램이 다채롭게 꾸며져 있다.

창의 인재는 어릴 때부터 '콩 심는 데서 콩 나는' 사회적 토양에서 나온다. 어릴 때부터 박물관을 자주 다닌 아이와 그렇지 않은 아이의 자연과 우주에 대한 상상력은 큰 차이가 난다. 스필버그나 캐머런은 초등학교 때부터 과학 공상소설에 매료됐고, 과학관을 자주 찾았다. 이런 경험이 영화 〈타이타닉〉, 〈아바타〉와 같은 기발한 창의력의 원천이 됐고, 영상을 통해 마음껏 펼쳐졌다. 창조적 상상력의 달인들은 대개 박물관 마니아였다. 박물관은 인간이 발휘할 수 있는 모든 상상력의 알파, 오메가를 모아놓은 창조의 오아시스다.

스티브 잡스나 홍 교수와 같은 인재를 〈호모 사이언티피쿠

스: 탐구하는 인간〉이라 부른다. 자연사박물관에 가면 우리 삶의 터전인 지구, 인간과 동물, 그리고 자연의 모든 생명체까지 세계관이 확장된다. 무한 상상력과 창의력을 갖춘 융합 인재를 기르기 위해 지금보다 앞으로가 더욱 기대되는 곳이다. 학문 간의 경계 파괴와 함께 시간의 경계를 넘는 것도 교육 당국이 도입하려는 융합 교육(STEAM)의 일환이다.

국가와 지역 관련 기관들이 비영리 법인화한 사립 박물관에 지원을 확대해 박물관의 역할을 높여야 할 때다. 아이들에게 상상력과 창조력, 지적 호기심과 감성을 키워주려면 교실 수업만으로는 부족하다. 창의성은 책상머리가 아니라, 자연사박물관과 같은 오감을 자극할 수 있는 데서 나온다. 창조 학교 '애플스쿨(Apple school)'은 이런 박물관이 곧 아이들의 교실이고, 실험실이다.

# 한자(漢字)를 알면 열 자를 깨친다

한자 사용 인구는 영어 인구보다 많다. 한·중·일 3국의 정치인·지식인의 모임인 '30인회'가 2013년 7월 초, 한·중·일 공용 상용한자 800자를 선정, 발표했다. 그동안 동아시아의 한자 문화권 국가인 한국·중국·대만·일본 등에서 사용하는 한자가 서로 차이가 있어, 한자 통일 운동의 일환이었다.

이어령 전 문화부 장관, 중국의 인민대학, 일본의 교토대학이 중심이 돼 일본의 교육용 기초 한자 1,006자와 중국의 상용한자 2,500자 중 겹치는 한자 995개를 뽑아내고, 이를 한국의 기본한자 900자와 대조해 최종적으로 공통 상용한자 800자를 도출해냈다. 『천자문』이 있는데 왜 따로 800자를 도출한 이유는 옛날에 만든 천자문에는 어려운 글자가 많기 때문이다. 그런데 '봄 춘(春)' '북녘 북(北)'처럼 생활 속에서 아주 흔하게 쓰는 글자는 빠져 있다. 800자는 한·중·일 3국이 실제 자주 쓰는 실용적 글자를 뽑았다.

## 한 · 중 · 일 공용 한자 800자 선정과 문화 협력 기대

오늘날 한국은 한자의 원형을 거의 그대로 쓰고 있지만, 일본은 약자체(略字體)를, 중국은 대폭 간략화한 간체자(簡體字)를 사용함으로써 소통에 불편을 겪고 있다. 무엇보다 동북아 지역 국가 간 인적 · 경제적 교류가 깊어지고, 협력과 공존이 절실해지면서 한자의 중요성은 종전보다 더욱 강조되고 있다.

중국은 1958년 문자개혁을 단행해 필획(筆劃)을 간편하게 줄인 '간체자'를 2,200자 만들어 쓰고 있다. 80%나 되는 문맹률을 낮추고자 좀 더 쉬운 한자를 보급하기 위해 간체자를 만들게 됐다고 한다. 실제로 번체자를 손으로 쓰는 데 필요한 시간과 노력보다 간체자가 훨씬 쉽고 빠른 것이 사실이다.

우리가 중국을 여행하다 보면 조선족 자치지역이 많은 '동북 3성'(지린 성 · 랴오닝 성 · 헤이룽장 성)은 도로 표지 및 상점 간판이 우리 한글을 위에, 한자를 아래 표기해서 보는 데 어려움이 적다. 그러나 베이징(北京)과 상하이(上海) 등 기타 지역은 간판이 간체자로 돼 있어 이해하기가 쉽지 않다. 결국, 한 · 중 · 일 3국은 앞으로 정자(正字), 간자(簡字), 약자(略字)로 나뉜 한자를 정리 · 통합하면서 서로 다르게 쓰이는 각국의 한자어도 모두 통합하기로 했다.

국어 이해 능력을 높이고 세대 간 언어 장벽을 없애려면 한자 교육이 필요하다.

3국의 젊은이가 800자의 한자를 익히게 되면 어느 정도 상대방의 언어를 이해할 수 있는 지적 기반이 마련될 것으로 보인다. 동북아 한 · 중 · 일 한자 문화권이 세계 경제력의 40%를 차지하고 있다. 그뿐만 아니라 한자가 통일되면 국가 간 교류도 더욱 활발해질 것이다. '한 · 중 · 일 3국 공통 상용 한자 800자 선언'은 단순히 글자 800자를 선언한 게 아니라 한자 문화권을 선언했다고 볼 수 있다.

## 초 · 중학교 한자 교육 「한석봉 프로젝트」 도입해야

1970년, 한글 전용화 정책으로 한자가 초등학교 교과서에서 사라진 지 40년이 넘었다. 서울 시내 초 · 중학교에서 교과서 수록 어휘를 중심으로 한 한자 교육이 2013년 2학기부터 자율적으로 시행된다. 퇴직 교원이나 한문 전공 임용 예정 교원, 민간 자격 소지자, 학부모 등 재능 기부자들이 방과 후 희망 학생을 모아 가르치는 방식이다. 예컨대 수학 교과서에 나오는 '삼각형'(三角形), '정사각형'(正四角形) 등의 단어가 각각 어떤 의미의 한자로 구성돼 있는지 알려주는 식이다.

현재 초등학교는 창의체험활동 시간에 학교장 재량으로 한자교육을 가르치고, 중·고교에선 선택과목이다. 수능에서는 제2외국어 영역 한문과목으로 겨우 10여%만 선택한다. 북한은 우리 초등학교 5학년에 해당하는 고등 중학 1학년부터 3,000자를 가르친다. 교육 당국은 초등학교 교육과정에 한자 교육을 넣는 방안을 검토 중이다. 사실 학부모들은 벌써 한자 공부가 자녀 학습에 도움이 된다는 걸 상식으로 여겨왔다. 사람의 뇌에는, 논리적 사고인 좌뇌와 감성적 정서를 맡은 우뇌가 있다. 그런데 사람의 뇌는 10세까지 많은 정보를 흡수한다. 그러므로 어학은 어릴 때 가르쳐야 효과가 높다는 것은 익히 아는 사실이다. 한자 공부도 마찬가지다. 한자에 있는 그림적인 요소와 그 속에 담긴 뜻이 좌뇌 우뇌를 동시에 계발한다. 한자를 익히면 어른스러워지는 것도 그 때문이다.

한자 공부 수요를 타고 어린이 한자 학습서는 날개돋친 듯 팔린다. 공인 한자 급수 시험만 7개, 한 해 응시자 150만 명 중 60%가 초등생이다.

대부분 선생님은 한자 교육이 어휘력과 사고력을 키워준다는 데에 고개를 끄덕인다. 서울교육청의 초등학교 한자 교육 정책에 대해, 한글 단체 등에서는 우리 말 쓰기를 주장하며 반대해 논란이 재연되고 있다. 한자 교육 반대론자들은 한글 교육만으로도 충분하다는 주장이다. 그러나 한문이 수능의 중요 과목이 아닌 이상 영어·수학처럼 사교육비가 많이 늘어날 리 없다. 일주일에 한두 시간 정도 시간을 내어 기초 한자(중학교 900자, 고등 학교 900자)를 익히는 것은 별 부담이 안 된다.

## 글 생성 원리 함께 익히는 한자 학습이 중요

우리말의 70% 이상이 한자어로 이뤄져 있다. 특히 초등학교 4학년부터는 배워야 하는 어휘량이 저학년보다 급증한다. 학교 공부를 효과적으로 하려면 한자 공부가 필수적이다. 초등학교 국어책의 55%, 의학 · 철학 같은 전문 용어의 95%가 한자어다. 한글은 같아도 한자에 따라 뜻이 전혀 다른 동음이의어가 수두룩하다. 예를 들어 윤봉길 의사(義士)가 '의로울 의, 선비 사'로 '의로운 선비'라는 뜻을 알게 된다면, 사람의 병을 고치는 '의사(醫師)'와는 다른 뜻임을 금방 파악할 수 있다. 판사(判事) 등 전문직을 뜻할 때는 일반적으로 사(事)를 쓴다. 사전에 '사기'라는 한자어가 27개가 실려 있다. 기세를 뜻하는 사기(士氣), 남을 속이는 사기(詐欺), 사기그릇인 사기(沙器), 역사를 알리는 사기(史記) 책, 회사 깃발의 사기(社旗) 등 한자를 모르고선 어휘력과 국어 실력을 갈고닦기 어려운 경우가 허다하다.

어휘력 부족은 국어에만 영향을 미치는 게 아니다. 수학이나 과학 교과서의 대부분 핵심 용어가 한자어로 되어 있다. 예를 들어 수학 시간에 나오는 '산포도(散布度)' 역시 뜻을 이해하지 못하면 이 용어가 들어가 있는 질문 자체를 이해하지 못하게 된다. 산포도는 '도수 분포의 모양을 조사할 때 변량의 흩어져 있는 정도를 가리키는 값'으로 사전에 정의되어 있다. 하지만 '흩어질 산, 펼쳐질 포, 정도 도'로 풀어서 속뜻을 안다면 이해하기가 수월하다.

일찌감치 한글을 깨우치고도 질문을 이해하지 못해 문제를 못 푼다든가, 수학 공식을 알면서도 문제 의미를 모르는 경우가 허다하다. 한글로 지식을 배우기 시작하는 초등생에게 쉽게 생길 수 있는 '학습 장애'는 국어의 생성 원리인 '한자'를 몰라서 생기는 경우가 많다. 우리말은 한자의 조합으로 돼 있어 뜻을 정확히 이해하지 못했기 때문이다. 문제의 이해력을 높여 성적을 잘 받으려면 한자 공부가 필요하다. 국어뿐 아니라 수학, 과학에서도 한자의 중요성은 점점 커지고 있다. 한자에 대한 지식이 부족한 학생들은 학교 공부에 흥미를 잃기 쉽다. 이해가 아닌 암기식 공부는 어려울 수밖에 없다.

## 창의적 사고와 논리력 향상에 영향을 주는 한자 학습

학교 공부의 성패를 결정하는 요소에는 여러 가지가 있다. 하지만 교과서에 나오는 핵심 개념의 90%는 한자어가 차지한다. 우리나라의 교과서 특성상, 가장 중요한 성적 결정 요소 중의 하나가 한자임은 부인할 수 없다. 한자에 대한 언어적인 익숙함의 척도가 학교 공부 능력을 결정하는 것이다.

한자 학습은 창의적 사고와 논리력을 향상한다는 장점이 있다. 한자는 상형 · 회의 · 지사 · 형성 · 전주 · 가차 문자의 여섯 가지 원리로 구성돼있다. '해 일, 나무 목' 등의 상형문자는 단어 자체에서 그 뜻을 유추할 수 있다. 사물과 비슷한 모양의 한자어를 연결하면 아이의 상상력을 자극한다. '쉴 휴(休)'는 '사람 인(人)+나무 목(木)'과 같이 각각 다른 언어가 합쳐져 새로운 의미를 만들어 낸 회의 문자다. 뜻과 뜻을 연결해 새로운 의미를 형성하는 회의 문자는 초등 학생의 논리적 사고와 유추력을 기르는 데 많은 도움이 된다.

'책을 많이 읽은 아이들이 학교 공부에 유리하다'는 이야기도 알고 보면 언어에 대한 친화 정도에 따른 결과로 볼 수 있다. 예를 들어 아이들이 어릴 때는 한자 '木'을 몰라도 별문제가 되지 않는다. 그러나 한자에서 온 글자인 '목'에 '나무'라는 뜻이 있다는 것을 아는 아이들은 '목재, 목수, 고목, 묘목'이라는 단어들을 처음 접해도 어렵지 않게 넘어갈 수 있다. 또 '식목일'과 '목요일'에 들어간 '나무'를 알면, 날짜 관념과 절기에 대한 이해도 쉽다. 이렇게 '나무 목'에 익숙해진 아이들은 각종 과목을 통해 배우는 다양한 방면에 대한 이해도가 올라간다.

동음이의어를 파악, 문맥을 이해하는 데도 한자는 필수다. '정의(正義)'와 '정의(定義)'의 뜻과 차이점을 알고 어떤 상황에 적용하는 용어인지 파악할 수 있다. 다양한 동음이의어를 알고 있는 학생은 어휘력이나 독해에서도 강점을 지닌다. 사자성어나 고사성어를 통해 형성된 역사적 배경이나 사건 등을 알 수 있어 중국의 역사와 문화까지 동시에 배울 수 있다.

서술형 평가가 확대되면서도 한자의 중요성은 커지고 있다. 서술형 평가의 핵심은 주어진 문제를 얼마나 잘 이해하고 있는가이다. 교과 지식이 아니라 문제를 잘 이해하지 못해 틀리는 경우도 많다. 이해력과 어휘력 등 언어 능력을 탄탄하게 다지려면 국어의 바탕이 되는 한자를 공부해야 한다. 한자를 배우면 공부가 쉬어진다. 한자를 알아야 교과서가 보인다.

## 한자 교육은 우리 어문 교육과 문화 전승을 위해서도 불가피

물론 한자 교육을 강화한다고 우리 말과 글을 아름답게 가꾸는 노력을 소홀히 해서는 안 된다. 한글은 자랑스러운 우리 민족의 문자이고, 우리 모두 소중히 여겨야 한다. 그러나 국어의 상당수 어휘가 한자어고, 한글만으로 표기했을 때 이해하기 어렵거나 동음이의어가 많은 것도 사실이다. 젊은이나 청소년들이 기초적인 한자 습득 능력을 갖추면 본인들의 미래에 도움이 된다. 한자 교육은 우리 어문 교육과 문화 전승을 위해서도 불가피한 일이다.

요즘 젊은이들은 한자 문맹이 대부분이다. 영어 조기 교육도 중요하지만, 한자 교육 역시 절대 내버려둬선 안 된다. 한자 학습은 일반적으로 중·고등 학교보다 학습량이 적은 초등학교 시기에 하는 것이 좋다. 또 교과 내용이 심화하기 전에 한자를 미리 익혀둔다면 고학년이나 상급 학교에 진학해 교과서나 시험 지문을 이해하는 데도 도움이 된다.

"한자가 어린이를 천재로 만든다"는 말이 있다. 한자 공부는 어린이의 두뇌를 계발한다. 한자 교육이 초등학교부터 정규 시간에 이루어져야 하는 이유이기도 하다. 초등학교 한자교육이 다시 관심사로 떠오르고 있는 것은 시대적 요구다. 초등학교에서의 한문 교육은 선택이 아니라 필수가 되어야 한다. 세계사에서 차지하는 아시아의 위상이 빠른 속도로 높아지는 21세기에는 영어 못지않게 한자도 개인 및 국가 경쟁력과 직결될 수 있다. 문화의 21세기, 한문을 모르면 선진국으로 갈 수 없다.

# 한문 · 서예 · 예절이 있는 도심 속 서당의 재발견

해마다 방학이 되면 지리산 청학동은 전국에서 찾아온 청소년들로 북적인다. 그러나 멀리 지리산까지 가지 않아도 일상에서 한문과 서예, 예절 교육을 받는 방법이 있다. 전통 한문 교육 기관인 서당이 전국 도심에 속속 문을 열고 있기 때문이다. 한자 교육에 관한 관심도 서당의 부활을 견인했다. 서당 수업은 급수 획득에 초점이 맞춰지는 한자 학원과 달리 학습자가 고전을 통해 한자의 의미를 서서히 깨닫는 방식으로 진행된다. 단순히 한자만 배우는 것이 아니라 예의범절까지 익힐 수 있는 것이 서당 교육의 장점이다.

인성교육의 중요성이 강조되면서 '도심 속 향교'도 재조명받고 있다. 서울 강서구 가양 아파트 단지 끝 야트막한 산자락에 자리 잡은 양천 향교는 서울에서 유일한 향교다. 이곳에선 매일 오후, 인근 지역 어린이들이 모여 서당식 교육을 받는다.

방학 중 서당 캠프 모습

훈장 선생님의 지도로 한자와 붓글씨를 배우고, 매주 목요일에는 예절도 익힌다. 경기도 과천 향교, 대전의 진잠 향교·회덕 향교 등 전국에 산재한 향교에서는 방학 중 충효예 교실이나 한문 서당, 서예 교실 등을 운영한다.

인문학에 관한 관심이 높아짐에 따라 서원이나 고택에서 열리는 인문학 강좌도 인기다. 기호 유학의 중심인 충남 논산 돈암서원과 명재 윤증 고택 등에서는 인문학 포럼이 열린다. 돈암서원은 예학의 종장 사계 김장생 선생이 돌아가시자, 1634년(인조 12년) 제자들이 창건했다. 1660년(현종 원년)에 사액을 받았고, 1871년(고종 8년) 흥선대원군의 서원 철폐령에도 보존된 유서 깊은 서원이다.

## 조선 시대의 청소년 교육은 서당부터

사람을 키우고 쓰는 문제는 나라의 장래와 직결된다. 교육은 모든 나라에서 국가의 가장 중요한 업무 중 하나다. 특히 청소년을 대상으로 하는 교육은 어느 시대에나 사회적으로 중요시됐다. 우리나라 고대 사회에서 주목할 만한 청소년 교육의 형태는 고구려 시대의 경당과 신라 시대의 화랑도다. 경당은 고구려가 평양에 천도한 이후 전국 각지에 설치된 일종의 사학(私學)교육 기관이다. 태학(太學)이 상류층의 자제들을 대상으로 하는 관학(官學)인 데 비해, 경당은 평민 자제들을 대상으로 경전과 무술을 함께 교육했다.

신라의 화랑도는 지도자격인 몇몇 화랑과 수천 명의 낭도로 구성됐다. 김유신 · 사다함 · 관창 · 원술 등 덕망과 전술이 뛰어난 화랑은 신라의 국가 발전에 커다란 역할을 했다. 고려 때는 국자감 · 향교 · 서당 등의 교육 기관에서 서울과 지방의 청소년들을 교육했다. 조선 시대에 와서는 성균관 · 사부학당 · 향교 · 서원 · 서당 등에서 고려 때보다 훨씬 더 체계적으로 교육했다.

유교의 영향으로 조선 시대에는 자식들에 대한 교육열이 매우 높았다. 이런 전통이 오늘날까지 이어졌다. 당시에는 마을마다 있는 서당에서 주로 초등교육을 담당했다. 중등교육은 보통 향교에서 맡았다. 향교는 고을마다 설치한 공교육 기관이었다. 가정이나 서당에서 기초 교육을 받은 뒤, 향교에 들어가 2단계 교육을 받았다. 그러나 인원이 제한되어 아무나 입학할 수 없었다. 향교가 제대로 된 공교육을 행하지 못하자, 양반집 자제들은 대부분 이름난 학자들이 설립한 서원으로 떠났다. 서원은 조선 시대 지방의 사립 교육기관이었다. 조선 후

서당의 모습을 사실적으로 그려낸 김홍도의 서당도

기로 갈수록 향교에는 평민 자녀가 많았다.

서당 교육이라고 해서 초등 또는 중등교육만 담당한 것은 아니었다. 서당에서도 훈장의 학문적 수준에 따라 고등교육을 한 곳도 있다. 또 공립의 초등 · 중등 교육기관으로는 서울에 설치한 사부학당이 있었고, 성균관은 공립 고등 교육 기관이었다. 사부학당은 성균관의 부속 기관으로 운영됐다. 15세가 되면 교육 연한을 끝냈다. 수료생들은 마지막으로 성균관에 들어가는 진학 시험을 치렀다. 이들의 성균관 입학은 가장 영광스러운 코스였던 것이다. 따라서 이곳 학생들은 지방의 향교 출신들보다 남다른 자부심을 품었다. 조선 말기에 들어 사부학당 교육은 쇠퇴를 면치 못했다. 특히 서양식 교육 기관이 생겨나자 자연 소멸했다. 근대식 학교인 배재학당, 이화학당의 학당은 바로 사부학당의 이름에서 빌려 온 것이다.

사서삼경(四書三經)을 가르치는 단계는 중등 또는 고등교육에 해당한다고 볼 수 있다. 이들 과목을 가르치는 교육 기관은 서당 외에 서원과 성균관이었다. 사서삼경 중 사서는 논어, 맹자, 대학, 중용이고 삼경은 시경, 서경, 역경을 뜻한다. 예기(禮記), 춘추(春秋)를 포함하면 오경이라고 했다. 유학의 사서삼경은 공부하는 순서가 있다. 대학(大學)은 '선(善)'의 학문이다. 중용(中庸)은 요약하면 '성(誠)'이다. 두 책을 통해 수양이 쌓이면 표현력을 키우라고 의(義)의 학문인 맹자(孟子)를 배운다. 그다음 말만 앞세우면 안 되기 때문에 인(仁)의 학문인 논어(論語)를 배운다. 또 행동이 점잖고 어질어도 흥을 모르면 안 되기 때문에 시경(詩經)을 배운다. 나랏일에 관심 없는 풍류객에 그치지 않고, 정치를 잘하기 위해 서경(書經)을 배운다. 주역은 미래를 멀리 내다보면서 정치를 하고, 천지 변화와 인생의 변화를 알기 위해 배우는 동양 경전의 최고봉이다. 사서삼경 중 맨 으뜸이고, 만학(萬學)의 제왕이라고 한다.

## 서당에서는 천자문 – 동몽선습 – 명심보감 순(順) 공부 –

서당의 종류는 대개 셋으로 나눌 수 있다. 첫째는 양반집 또는 부잣집에서 독선생을 앉혔다. 때로는 가까운 친척의 자식들도 함께 배우기도 했다. 둘째는 마을 주민이 공동으로 출자해서 서당을 설립하고 훈장을 데려다가 마을의 모든 학동이 배우게 했다. 셋째는 한 문중이 집단 마을을 이루고 사는 곳에 서당을 열고, 자기네 문중 학동만을 대상으로 배우게 했다. 양반 집에서는 학동의 아버지나 형이 자기 자제를 가르치는 예도 있었다.

서당의 교육 과정은 거의 같다. 대개 5살에서 7살이 되면 글을 배우기 시작했다. 처음 배우는 책은 '천자문'이다. 본격적인 한문 교육을 받기에 앞서 일단 문자를 익혀야 한다. 다음으로 배우는 책은 '동몽선습'이다. 동몽선습은 인간의 기본 윤리인 오륜을 중심으로 엮어져 있다. 맨 먼저 인륜 교육을 하려는 의도였다.

세 번째로 배우는 책은 '명심보감'이다. 이 책에는 교훈이 될 여러 명구와 일화를 담았다. 여러 고전과 문집, 역사책에서 관련 내용을 발췌했다. 여러 가지 내용을 편(篇)으로 분류했는데 마음을 밝히는 심성 교육을 하려는 목적이었다.

네 번째로 배우는 책은 '통감 절요'다. 이 책은 중국의 통사를 적은 '자치통감'을 줄여서 '절요'라 했다. 난신적자(亂臣賊子)를 가려내 명분을 바로잡고 누가 옳은지 그른지를 판단해 후세의 거울로 삼으려는 역사관에서 만들어졌다.

다섯 번째로 배우는 책은 '소학'이다. 학동이 집안에서 청소하거나 어른을 공경하는 등의 기본적인 예의 범절을 가르치기 위한 책이다. 이 다섯 종류의 책들이 초등교육과 중등교육의 단계에서 가르치는 기본 교과서였다. 이들 책은 한결같이 문사철(文史哲)을 본격적으로 가르치기에 앞서, 기초 소양을 기르려는 의도를 담고 있었다.

그러나 몇 가지 폐단도 있었다. 하나는 유교 중심적인 문제다. 유교에서 말하는 이단인 불교, 도교를 전혀 가르치지 않아 유교 위주 학문으로 치달았다. 유교는 중국에서 태생하여 발전했다. 그런 탓으로 중국의 고전과 중국 역사만을 가르쳤다. '동몽선습'에서도 중국 역사를 위주로 하고 우리 역사는 덧붙여 놓았을 뿐, '통감'은 전부 중국의 역사였다. 또 유교 이념에 치중하다 보니 실질적 교육이 무시됐다.

기초 문자를 가르치는 '천자문'마저 일(一), 이(二), 삼(三)과 같은 쓰기 쉽고 외우기 쉬운 글자부터 배우지 않았다. 일상생활에 필요한 글자보다 뜻을 담은 문구가 우선했다. 천자문은 하늘 천으로 시작하는 천지현황(天地玄黃)과 같은 획수가 많고 복잡한 글자가 먼저였다.

게다가 수학 · 과학 · 기술 등의 과목은 전혀 가르치지 않았다. 너무 인성교육에 치중함에 따라 생겨난 부작용이었다. 그래서 조선 전기에 큰 발전을 이루었던 과학 기술 수준은 후기에 와서 침체되는 결과를 빚었다. 법조인 · 의사 · 외교관 · 과학자들은 현대인들이 선망하는 전문 직종에 해당한다. 조선시대에 이들의 신분은 '중인'으로 양반과 천민 사이에 있는 중간 신분층이었다. 과거시험에서 문과나 무과와는 달리 잡과 시험은 역과 · 의과 · 음양과 · 율과로 구성되어 있었다.

## "붕어빵 공부 싫다." 보은 산골 서당의 10년 실험

충북 보은군 회인 서당은 일종의 대안 학교 성격의 기숙형 서당이다. 폐교된 회룡 초등학교를 고쳐 현대식으로 잘 지어

놓았다. 학생들은 6세 어린이부터 30대 대학원생까지 다양하다. 주로 한문과 중국어를 가르치고, 여름방학 때는 중국에 가서 한 달 동안 어학연수를 한다. 충북 진천에서 한의원을 하는 분이 미래의 한학자를 길러 내고자 이런 서당을 만들어 계속 후원하고 있다.

서당의 일과는 오전 6시에 시작돼 초등학생은 오후 9시, 중 · 고등학생은 10시에 불을 끄고 취침한다. TV도 컴퓨터도 없지만 지루함을 모른다. 공부가 힘들 땐 서당 인근의 들에서 시간을 보낼 수 있다. 방학과 주말은 정해진 게 없다. 두 달에 한 번, 그리고 설 · 추석 명절에 휴가를 얻어 집에 간다.

현재 회인 서당의 훈장인 이상규 씨는 원래 학교에서 교편을 잡던 선생님이었다. 주입식 교육 현실이 싫어 학교를 그만두고, 한학을 잇겠다는 신념으로 서당을 지켜나가게 됐다. 회인 서당을 거쳐 간 학생들이 지난 10년 동안 만 해도 벌써 수백 명이다. 이곳에서는 스펙을 쌓기 위한 수단이 아니라 '사람'을 만드는 교육을 실천한다. 획일적인 학교 교육, 붕어빵 공부를 거부한 일종의 기성 교육에 대한 도전이다.

보은 산골 서당의 실험은 현재 진행형이다. 수도권 근교에서는 경기도 이천 청학 서당에서 전통 방식의 서당 교육을 받을 수 있다. 깊은 산록의 기운 속에서 전통 가옥과 전통 한복, 전통 생활 방식 등을 접할 수 있다. 주말반, 대안 학교, 방학 특집 프로그램 등을 통해 아이들에게 한문과 전통 예절을 가르치고 있다.

옛 서당식 교육은 1대 1로 가르치면서 인성 교육까지 한다는 점이 매력적이다. 전통 한학을 가르치면서 어린이들에게 충효 사상과 바른 예절을 알려 주기 때문에 일거양득의 효과가 있다. 한학은 살아가는 데 필요한 모든 것을 가르친다. 경전 안에 부모에 대한 효심과 형제간의 우애, 스승과 어른에 대한 공경의 예, 친구 간의 우정, 대인관계 등에 관한 올바른 행동 철학이 담겨 있다.

깨달음에는 나이의 구분이 없듯 서원이나 향교의 인문학, 전통 문화 강좌에 사람들이 몰리는 이유는 바로 이 때문이다. 컴퓨터다, 영어다 해서 바삐 돌아다니는 자녀와 고즈넉이 앉아 먹을 갈고 한 획 한 획 정성껏 붓글씨를 써보는 것도 색다른 경험이다. 전통 문화와 현대 도시 생활에 알맞은 예절을 배우고 익힐 기회를 가져보자.

# 영화 〈완득이〉 〈방가방가〉로 배우는 다문화 이야기

다문화 가정에 대해 이보다 더 감동적인 홍보 수단이 있을까. 영화 〈완득이〉 말이다. 가난하고 어려운 가정 환경에, 공부도 못하는 문제아 완득이는 자신의 엄마가 필리핀 사람이라는 사실을 알고 충격을 받는다. 그도 그럴 것이, 생존 여부조차 알 수 없던 엄마의 피부색이 다르다는 사실에 정체성을 고민하지 않을 사춘기 소년이 몇이나 될까. 하지만 완득이는 피부색보다는, 엄마가 살아 있다는 사실이 더 고맙고 소중했다. 그래서 자신을 생각하고 찾아 준 엄마와 장애를 가진 아빠 사이에서 가교가 되기로 마음먹는다. 완득이 엄마로 출연한 이자스민은 새누리당 국회의원이 됐다.

〈완득이〉보다 한해 앞서 개봉한 〈방가?방가!〉 역시 우리 사회 속 다문화에 대한 이해를 높일 수 있는 영화다. 〈반두비: 2009〉가 열어젖힌 이주 노동자 문제를 육상효 감독은 아예 충무로 블랙코미디의 소재로 빌려 왔다. 한국 애니메이션 흥행 1위를 기록한 영화 〈마당을 나온 암탉〉처럼 우리 사회에 던지는 메시지가 커 마냥 웃을 일이 아니다. 청둥오리 새끼를 홀로 키우는 암탉이라는 기본 설정을 가진 〈마당을 나온 암탉〉은 다문화, 한 부모, 입양가정 등 대한민국을 읽어내는 사회적 텍스트이자 뜨거운 심장 박동기를 장착하고 있다.

영화 〈완득이〉 출연진. 2008년에 출간된 김려령 작가의 베스트 셀러가 원작이다. 2011년 10월에 개봉해 530만 관객을 모았다.

## "사장님 나빠요." 단일 민족만을 강조하지 마세요.

〈방가? 방가!〉는 현재 한국이 겪고 있는 온갖 갈등의 전시장이다. 한국 사회의 심각한 청년 실업난과 동시에 극심한 구인난을 겪는 중소기업의 현실이 겹친다. 취업과 구인난의 부조화 속에, 그 공백을 외국인 근로자가 대신 채움으로써 이 나라의 산업이 굴러간다니 모순도 이런 모순이 없다.

인격과 정당한 노동권을 수시로 침해받으며 일하는 외국인 근로자, 성차별과 성희롱에 노출된 여성 근로자들은 이 사회의 주류로부터 변두리로 밀려난 '을'의 인생이다. 영화 속 방

영화 〈방가? 방가!〉의 한 장면

가의 '욕 강의'를 무심결에 듣다가 외국인 근로자들이 겪는 만연한 폭력에 흠칫 부끄러워진다. 그러나 말하기도 벅찬 현실의 우울함을 동화에 가까운 따뜻함으로 유쾌하게 풀어낸다. 데뷔 12년 만에 첫 주연을 꿰찬 배우 김인권의 좋은 연기는 대안을 떠올릴 수 없을 정도다.

우리 사회에 다문화에 관한 관심을 불러일으킨 것은 10년 전, 코미디 프로그램의 '블랑카'라는 캐릭터였다. 한국 문화에 순진한 스리랑카 출신 근로자 '블랑카'가 사장이나 동료의 행동이나 말을 보고서 그대로 따라 하다가, 어처구니없는 경험을 하는 게 이야기의 얼개였다.

어눌한 한국어와 독특한 억양이 쓴웃음을 주는 '블랑카'를 보고 있으면 찰리 채플린이 떠오르곤 했다. 찰리 채플린의 우스꽝스러운 슬랩스틱 코미디에는 자본주의 초기 경제 대공황 시대를 살던 서민 계층의 삶이 녹아 있다.

채플린의 유머를 흔히 페이소스(Pathos)가 짙게 드리웠다고 한다. 페이소스란 고통을 뜻하는 그리스어에서 유래된 용어다. 극 중의 연기자에게 동정과 연민의 감정을 불러일으키게 하는 표현 방식이다. "사장님 나빠요, 뭡니까 이게"라는 '블랑카'의 외침은 외국인 근로자에 대한 우리 사회의 이중 잣대를 절감케 하는 짧지만, 분명하고 강렬한 항변이었다.

## 다문화 가정은 '그들'이 아닌 '우리'의 이야기

우리나라는 이미 다문화 사회의 문턱을 넘어섰다. 해마다 명절이 되면 결혼 이민자나 이주 근로자, 그리고 주한 외국인들을 대상으로 한 장기자랑이나 예능 프로그램이 앞다투어 편성된다. 그만큼 우리 사회가 다문화 사회로 나가고 있음을 보여주는 하나의 지표다.

현재 국내에 거주하는 외국인이 150만 명에 이른다. 외국인 근로자, 결혼 이민자, 유학생 등으로 매년 10% 이상씩 증가하고 있다. 2040년에는 전체 인구의 10%인 이주외국인 500만 명 시대가 올 것으로 예측하고 있다. 결혼 이민자는 전국에 현재 약 30만 명, 다문화 자녀는 15만 명 정도다. 대전은 결혼 이민자 6,000명, 다문화 가정 자녀가 약 3,000명, 전체 외국인은 2만 4천 명 수준이다.

한국으로의 이주자는 인원수도 늘었지만, 체류 유형도 다양해졌다. 단순 근로자와 결혼 이주 여성이 여전히 많지만, 유학, 단기 취업 등 다양한 유형의 인력이 들어온다. 또 거주 기간이 늘어나고 정착하는 사례가 많아졌다. 진정한 다문화 사회로 진입 중이라는 뜻이다.

인종의 용광로라는 미국을 차치(且置)하고서도, 유럽의 대부분 나라는 외국인 주민이 10%를 넘는다. UNESCO, OECD 등 국제기구에서도 다문화가정 문제가 중요 의제로 주목받고 있다. 우리는 유구한 역사와 단일 민족임을 자랑스럽게 생각해 왔다. 이제는 단일 민족만을 집착하기보다 다양성을 존중하고 인정하며 사회 통합을 실현해야 선진국이 될 수 있다.

다문화 가정의 증가는 경제 활동 인구가 늘어나고 문화적 다양성이 증대되는 긍정적 측면이 있지만, 사회적 갈등을 심화시키는 원인이 되기도 한다. 특히 다문화 사회를 일찍 경험한 나라들은 공통으로 다문화 학생들의 학교 부적응과 낮은 학업 성취도 문제를 해결하지 못하고 있다.

## 진정한 다문화 사회는 다문화 교육부터

우리 사회는 세계 최저 출산율과 경제 활동 인구의 감소로 고령화에 접어들고 있다. 초·중·고교의 학령 인구(學齡人口)는 연평균 약 22만 명이 감소하는 반면 다문화 학생 수는 매년 약 6천 명 이상 증가한다. 현재 국내 초·중·고교에 다니는 다문화 가정 학생이 5만 명을 넘어섰다. 전체 학생의 1%에 육박하는 숫자인데다 매년 평균 20% 늘어나고 있어 이들을 끌어안을 수 있는 다양한 공교육 정책이 절실한 시점이다.

2013년 4월 교육부의 통계를 보면 지역별로는 경기(1만 2,477명), 서울(8,727명), 전남(4,420명), 경남(3,610명), 충남(3,586명) 등에 다문화가정 학생이 많다. 부모의 국적은 중국(조선족 포함)이 34.4%로 가장 많았고, 일본(23.4%), 필리핀(15.4%), 베트남(11.3%) 순이었다.

다문화 자녀는 외국인 엄마의 원활하지 못한 한국어 구사 때문에 언어 발달이 늦은 편이다. 대다수 다문화 가정은 교육적 기능이 취약해 기초 학습 능력이 매우 낮다. 이 때문에 학업이 부진하고 학교에서 친구들로부터 놀림을 받기 일쑤다. 가장 기본적인 학습 기능인 언어 능력의 발달이 늦다 보니 교사나 교우관계에도 부정적인 영향을 미칠 수밖에 없다.

상당수 다문화 자녀가 학교에서 받는 스트레스 때문에 울며 겨자먹기식 학교에 가는 형편이다. 일부 학생들은 왕따 등으로 정신적인 고충이 이만저만 아니다. 학업을 중도에 포기하는 예도 많고, 교육의 문을 넘지 못한 채 학교 밖에 방치된 교육 소외 계층도 적지 않다.

그러나 교육 당국의 다문화 교육 정책은 아직 허술하다. '블랑카'의 시대에는 못된 사장님만 있었지만, '방가'의 시대에는 못된 사장님, 못된 학생들, 못된 한국인들이 모두 함께 있다.

〈방가?방가!〉 속의 '방가'는 10년 전 과거의 '블랑카'가 아니다. 오늘 이 순간에도 여전하다. 지금 우리 사회 속의 다문화 가정을 바라보는 시각의 전환이 필요한 시기다. 다문화 가정에 대한 차별, 소외, 따돌림은 앞으로 우리가 모두 부담해야 할

전국 최초의 기숙형 공립 다문화 대안 학교인 '인천 한누리 학교'가 2013년 3월 공식 개교했다.

교육 갈등 해소의 중요한 요인이다.

우리나라가 선진국으로 진입하려면 사회적 기반이 취약한 다문화 가정 학생이 정규 교육으로부터 소외당하지 않고 교육 격차가 없도록 해야 한다. 다문화 학생들은 우리 사회에 일방적으로 동화시키는 정책보다 그들의 문화적 정체성과 다양성을 인정하는 교육이 필요하다.

## 다양성 존중하는 다문화 교육이 필요하다

대전시 교육청은 직업 훈련 학교와 공립 대안 학교를 동시에 담는 '대전 용문 학교'를 추진하려다 2012년 전면 백지화했다. 당시 박범계 국회의원은 추진 과정에서 절차적 정당성을 완전히 망각한 점, 용문동이라는 힘없고 작은 동네의 자존심에 커다란 상처를 준 점은 교육을 책임지는 대전시 교육청의 올바른 자세가 아니라는 점을 지적했다. 현재 대전교육청만 전국 16개 시 · 도 교육청 가운데 유일하게 공립형 대안 교육 기관이 없다. 공립 대안 학교 형태는 효율적인 다문화 가족의 자녀

교육을 위한 한 가지 방법이 될 수 있다.

인천 교육청은 2013년 봄 국내 최초로 기숙형 공립 다문화 대안학교인 '한누리 학교' 문을 열었다. 한누리 학교는 총 14학급으로 초등학교 6학급과 중학교 3학급, 고등학교 3학급, 210명 정원으로 구성됐다. 한국어에 어려움을 겪는 학생들을 위해 초 · 중 · 등 디딤돌 2학급을 운영한다. 교육 과정은 다문화 가정의 자녀가 일반 학교 교육 과정에 잘 적응할 수 있도록 돕고자 정규 교육 과정을 50%로 줄이는 대신 나머지 50%는 특성화 과정으로 운영한다. 특성화 과정은 한국어와 한국 문화, 다문화 교육 등으로 구성됐다.

중도 입국자 자녀, 외국인 근로자 자녀, 한국에서 태어난 다문화 가정 자녀 등이 대상이다. 현재 중국, 몽골, 러시아, 일본 등 12개국 102명의 학생이 공부하고 있다. 다문화 가정 학생들이 일반 학교에서 소외감을 느끼는 가장 큰 이유는 언어 문제다. 한국어가 서툴거나 한국 문화에 익숙하지 못한 학생들에게는 1년 동안 한국어 교육 등을 통해 일반 학교 진학을 도와주는 디딤돌 역할을 한다. 한누리 학교의 가장 큰 목표는 '그들만의 리그'를 만드는 게 아니다. 이들이 한국 사회의 구성원으로서 당당하게 살아가게 하는 것이다.

관점을 달리 보면, 오히려 다문화 가정 학생이 세계 인재로서 성장할 수 있는 잠재력이 무궁무진하다. 이미 2개 언어를 습득할 수 있는 환경이 자연스럽게 형성돼 있기 때문이다. 그런 면에서 다문화 가정 자녀는 교육 소수자라는 그늘만 벗겨주면, 준비된 인재에 가깝다. 다문화 사회를 위해 가장 필요한 것은 교육이다. 언어와 문화 차이 때문에 결혼 후 3개월~1년이 가장 힘들다고 한다. 진정한 다문화 사회가 되려면 한국인과 이주민들이 문화적 차이를 인식할 수 있도록 충분한 교육을 받아야 한다.

## 다문화 가정은 우리의 미래

다문화 시대로 진입하면서 교육은 새로운 변화를 요구받고 있다. 다문화 가정은 저출산, 고령화 사회로 진입한 우리 사회에 소중한 동반자이자 미래다. 다문화 사회의 첫 단추를 끼우는 일은 바로 교육에서 시작된다. 다양성을 존중하는 다문화 교육은 문화적 차이와 갈등을 없애고, 서로 같은 대한민국 국민으로 잘 살아가는 지름길이다.

다문화 학교를 통해 다문화 가정 자녀를 경쟁력 있는 미래의 일꾼들로 양육한다면 두 마리 토끼를 다 잡을 수 있다. 다문화 자녀에게 균등한 교육 기회를 제공하면서 한국인의 정체성을 확립하고, 문화적 다양성을 발휘할 수 있는 우수 인재를 양성할 수 있다. 결과적으로도 국가에 큰 보탬이 된다.

프랑스 파리 외곽 마리 퀴리 초등학교 전교생 305명의 국적은 무려 50개국이다. 이 중에는 불법체류자 자녀까지 포용하고 있다. 다문화 가정 출신 학생들이 급격히 늘어나고 교육 불평등이 심화하고 있는 한국 사회에 시사하는 바가 크다.

로마제국이 부강했던 이유는 외국인을 포용하고 같은 기회를 주었기 때문이다. 인종의 용광로라 불리는 미국이 강한 이유도 바로 이런 점에서 찾을 수 있다. 국내 최초로 다문화 학교를 설립한 인천 교육청의 모델이, 전국의 다문화 교육에 큰 공헌을 하리라 기대한다.

영화 〈완득이〉 속의 '똥주' 선생은 특별하다. 다문화 가정에 필요한 것은, 그냥 그대로 대한민국의 국민임을 인정하는 것이다. '똥주' 선생은 우리 사회가 다문화 가정에 가져야 하는 관심과 사랑을 에둘러 표현했다. 다문화 가정은 더는 남의 얘기가 아니다. 우리 미래의 이야기이자, 바로 오늘 우리 이야기다.

05

# 2020 교육 오디세이

역사는 과거와 현재와의 대화

지자체에 불고 있는 '지역학' 열풍

1%와 99% 사이를 달리는 대한민국 설국열차

천재는 타고나는가? 만들어지는가?

세상을 바꾼 세 개의 사과

디지털 시대의 다빈치, 한국판 스티브 잡스는 어디에

99%를 위한 창조학교 '애플스쿨'로 가자

# 역사는 과거와 현재와의 대화

역사는 수천 년, 수만 km의 시공간을 넘나들며 인간과 사회 저변을 흐르는 진리를 집어내는 학문이다. 과거의 사람에게서 경영을 배우고, 사건에서 교훈을 얻는 지식의 오아시스다. 이러한 인식의 발로에서 사회 전체적으로 역사 교육 중요성의 목소리가 거세지고 있다.

대한민국 역사 교육의 현실은 어떤가. 형식과 내용 면에서 모두 낙제점이라고 해도 과언이 아니다. 한국사는 교육 과정 개편이 있을 때마다 필수과목과 선택과목을 오갔다. 대입 수능에선 서울대를 제외한 다른 대학은 한국사 점수를 요구하지도 않았다. 부실한 한국사 교육은 청소년을 왜곡된 역사인식에 무방비로 내몰았다. 안중근과 윤봉길 의사를 닥터 (MD, doctor)로 알고 있는 학생들이 허다하다.

'일베' 등 일부 극단적인 인터넷 사이트를 중심으로 확산하

이승만 · 박정희 대통령

는 왜곡된 역사인식도 결국 학교의 역사교육이 약해진 데서 비롯된 것이다. 일본에서 활동하는 인터넷 우익들도 왜곡된 역사 교과서로 배워서 태어난 기형아다.

우리나라도 친일과 독재를 미화한 일부 왜곡 교과서가 논란이 됐다. 친일 세력을 배격한 대한민국 임시정부의 정통성과 이승만 독재에 항거한 4 · 19혁명, 10월 유신, 5 · 18 민주화운동, 6월 항쟁 등의 내용을 축소 · 왜곡하고, 대신 5 · 16 쿠데타는 미화했다. 부모 세대인 우리는 일본 압제에 항거하고 이승만 독재와 싸운 역사를 보면서 자부심을 느껴왔다. 하지만 우리 아이들이 '이승만 위인전'이라고 부를 만한 왜곡된 역사 교과서로 공부한다면 민족의식과 정신이 바르게 정립될 수 있겠는가?

한국전쟁이 북한 · 소련 · 중국의 합작품이었다는 구소련의 비밀문서가 나왔음에도 유엔 개입으로 국제전이 됐다는 교과서도 많다. 10대 경제 강국이 된 지금, 사실조차 왜곡하는 역사교육은 고쳐져야 한다는 목소리가 높다. 고구려를 자국 역사의 일부라고 강변하는 중국과, 침략으로 인정하지 않으려는 수정주의적 일본 역사관이 위협적인 현 상황에선 더욱 그렇다.

## 역사는 현재와 과거의 끊임없는 대화

영국의 역사학자 에드워드 카(E. H. Carr)는 "역사는 현재와 과거의 끊임없는 대화"라고 정의했다. 그의 명저 『역사란 무엇인가?(What is History?)』는 역사학 입문의 필독서로 꼽힌다.

그는 "한 사회가 어떤 역사를 쓰느냐, 어떤 역사를 쓰지 않느냐 하는 것보다 더 그 사회의 성격을 뜻깊게 암시하는 것은 없다. 역사가는 단지 주어진 사실만을 받아 적는 존재가 아니다"고 강변한다. '사실은 역사를 구성하는 필요 조건이지만 충분조건은 아니다.'라는 말 또한 같은 역사를 보는 시각이 다양할 수 있음을 뜻한다. 역으로 올바른 역사·국사 교육의 중요함을 일컫는 말이기도 하다.

보는 각도에 따라 산의 모양이 달라 보인다고 해서 산이 들이 될 순 없다. 역사는 논픽션이다. '역사 바로 보기'의 시작은 공(功)과 과(過)를 함께 보는 것이다. 공적의 두께와 실수의 부피를 나란히 저울질해야 한다는 의미다. 무엇보다 구체적 사실을 인식하고, 여기에 시대적 배경 등을 고려해 균형 잡힌 시각을 유지하는 것이 중요하다.

성공의 역사나 부정적인 평가에만 기준을 맞춘다면 균형 잡

대전 현충원 경내를 따라 잘 마련된 보훈 길을 걸으면, 나라 사랑 정신과 올바른 역사교육의 중요성을 되새겨볼 수 있다.

힌 역사인식이 자리 잡기 어렵다. 올바른 역사관은 합리성, 사실적 근거가 바탕이다. 사실이 빠진 지식은 단순히 편향된 신념일 뿐 참지식이 아니다. 이런 지식에서 형성된 역사관 역시 참된 역사관이 아니다.

역사를 쓰는 건 오늘을 사는 역사가가 과거의 사실들과 대화하는 것과 같은 일이다. 오늘의 입장에서 과거를 조명하고, 과거를 통해 오늘을 반성하는 것, 역사 서술이란 그런 것이다. 베이컨은 기억, 상상, 추론이 조화를 이룰 때 합리적 사고가 형성된다고 강조했다.

그래서 『역사란 무엇인가?』의 저자 E. H 카는 "역사란 역사가와 사실 사이의 부단한 상호 작용의 과정이며, 현재와 과거

사이의 끊임없는 대화"라고 정의한 것이다.

## 토인비가 말한 '도전과 응전의 역사'의 의미

20세기 최고의 역사학자인 아놀드 토인비 박사(A. Toynbee)는 그의 걸작 『역사의 연구』에서 인류의 역사를 '도전과 응전의 법칙'으로 설명하고 있다. 고대 그리스의 역사학자 헤로도토스는 "이집트는 나일 강의 선물이다."라고 말했다.

해마다 겪게 되는 나일 강의 범람 때문에 태양력과 기하학, 건축술, 천문학이 발달했다는 역설이다. 이러한 원리를 토인비는 '도전과 응전'의 원리로 설명했다. 자연의 도전에 대한 인간의 응전이 인간 사회의 문명과 역사를 발전시키는 바탕이 된다고 한 것이다.

도전과 응전의 역사는 세계사의 흐름에서 잠시도 쉼 없이 이어져 왔다. 도전에 대한 응전의 저력을 갖추지 못한 민족 · 국가는 자연 소멸했던 사실도 세계사는 보여주고 있다.

이와 같은 맥락에서 우리 민족이 걸어온 도전과 응전의 의미는 무엇일까? 우리는 수천 년을 단일 민족으로 유지 계승해 오면서 수많은 외침의 아픈 역사를 지니고 있다. 이는 우리 민족이 터를 잡고 살아온 곳이 주위에 강대국을 끼고 있는 지정학적인 숙명일 수 있다. 수나라, 당나라의 침입이 그랬고 몽골의 침입을 받아 속국의 나락으로 떨어진 고려 때도 그랬다. 조선 시대 왜국의 침입이나 근대에는 일제의 국권 침탈 등 대륙으로부터나 해양으로부터 민족의 생존이 풍전등화와 같은 운명에 처했다. 어쩌면 우리 삶의 터가 지정학적 탓인 결과라 해도 과언이 아닐 것이다.

이와 같이 우리처럼 도전과 응전의 연속으로 점철된 역사도 드물성싶다. 한사군(漢四郡)의 도전과 그 응전이 삼국의 웅비를 가져오고, 거란의 도전을 이겨내면서 고려 중기 유불(儒佛) 절충 문명이 꽃피었다. 몽골의 도전에 대한 응전이 조선의 개국과 15세기 세종 문화를 낳았다. 18세기 찬란한 영조 · 정조 시대의 문화는 청나라의 도전을 응전한 결과였다. 그리고 바로 21세기를 뜨거운 함성으로 열어가고 있는 우리 시대는 일제의 가혹한 도전을 이겨내려는 치열한 응전의 과정이 아닌가 싶다.

그러면 어디서 응전의 힘이 생겼는가. 우리가 응전의 대가로 얻어낸 문명의 열매 속에는 한결같이 주체성에 의한 창조력이 담겨 있다. 세종 문명의 꽃인 '훈민정음'이 그랬고, 영 · 정조의 실학 문명이 또한 그렇다. 주체성에 의한 창조력은 역사라는 기억장치를 통해서 담아냈다. 그래서 위대한 문명이 꽃피는 시대에는 항상 왕성한 역사의식과 역사 편찬이 있었다.

조선 시대 문명이 고려와 다른 점은 바로 지연과 혈연을 떠나 인재를 쓰려는 정책이 진일보한 것이다. 문명의 기초로서 기초학문인 인문학 즉 유학을 장려하면서 과거를 통해 널리 인재를 등용했다. 유학이 지나치게 기초 학문에 집착한 것이 산업화에 지장을 주고 근대화를 더디게 한 것도 사실이지만 이제 지식 정보화 시대가 열리면서 기초 학문의 전통이 긍정적으로 다시 살아나고 있다.

문명사적인 관점에서 일제 강점기를 바라본다면 인문 중시, 기초학문 중시의 한국 문화가 기술 존중의 서양 문명을 받아들인 일본에 진 것이다. 산업화시대에는 당연한 결과였다. 그러나 역사는 돌고 돈다. 기술은 여전히 중요하다. 하지만 아름다움과 복합 기능을 추구하는 미래의 기술은 상상력을 풍부하게 키워주는 기초 학문이 단단한 나라에서 발전하게 될 것이다. 바로 그러한 문명적 전통을 지녀온 우리가 응전에 성공할 확률이 높다고 할 수 있다.

한 나라의 역사는 그 나라의 근본이다. 국민적 정체성을 통일시키고, 과거에 대한 국민적 기억을 관리해내고 보듬어낸다. 개인에게 기억이 그런 것처럼, 공동체에는 역사가 정체성의 뿌리가 된다. 한 공동체가 자신의 역사를 어떻게 기억하고 교육하는가는 그래서 매우 중요한 문제다. 지금은 굉장히 먼 나라가 되어버린 발해나 만주가 그 예다. 자칫 타국에 의해 역사의 한 페이지를 빼앗기면 독립 국가로서의 정체성을 상실할 수 있다는 경고의 목소리도 나온다.

수천 년 역사에서 축적되어온 도전과 응전의 지혜를 오늘에 반영해 우리 민족 중흥의 역사를 다시 여는 것이 오늘을 살아가는 우리의 사명이 아니겠는가.

## 지자체에 불고 있는 '지역학' 열풍

지방에 '지역학' 바람이 불고 있다. '지역을 알면 미래가 보인다'는 것이 지역학의 신조다. 일부 지역에서 지역학 강좌를 육성하면서 대학의 정식 강좌로 채택돼 큰 인기를 누리고 있다. 지역학은 지역의 발전에 대한 회고적 접근을 넘어 미래 지향적 가치를 발견해 내면서 지역의 정체성을 연구하는 학문으로 발전하고 있다.

지역학 강좌는 청소년과 주민에게 지역을 제대로 알리자는 취지다. 최근 전국적으로 불고 있는 인문학 붐과도 무관하지 않다. 천안이나 아산에 가면 시장이 대학 강단에 서서 천안학, 아산학 특강을 한다. 자기가 사는 곳을 제대로 알아야 자기 지역을 사랑할 수 있다는 차원에서 시장이 직접 팔을 걷어붙이고 있다.

여러 도시에서 지역학에 눈을 돌리는 이유는 지방자치의 성숙과 맞닿아 있다. 1991년 지방자치가 부활하고 20년이 지나면서 지역별로 새로운 시도들이 이루어지고 있다. 또 지역의 특징에 맞춘 좋은 정책들이 나오면서 시민의 삶의 질 향상과 주민의 풀뿌리 자치 능력이 높아지고 있다.

지방 자치는 각 지역이 자신의 운명을 스스로 결정한다는 정신이 있다. 중앙 집권적 체제에 종속되어 있던 지역이 각자가 자신의 미래를 만드는 삶의 주체라는 것을 자각하게 되었다. 이에 따라 각 지역은 자기의 정체성에 대해 고민하기 시작했다. 자신의 역사, 문화로부터 긍정적 자화상을 찾고 지역사랑과 지역발전의 동력으로 삼고 있다. 지역학은 이런 지방의 주체 의식으로부터 나오게 된 것이다.

## 지자체의 평생 교육은 '지역학' 정립부터

지역학은 오늘날 그 지역을 만들어 내고 발전시켜온 역사적 과정을 이해하고 그 기반 위에서 더 나은 지역의 미래를 모색하는 종합적 학문이다. 과거로의 회고적인 회귀가 아니다. 반대로 현재로 오면서 오늘의 지역을 만들어내고 특징짓는 흐름에 대한 미래 지향성이 특징이다.현재 부산학, 제주학, 대구경북학 등은 지역 연구로 성과를 내고 있다. 천안학이 대학 강좌로 개설된 이후 인천학, 용인학, 수원학, 아산학, 홍성학, 김해학, 안성학 등 여러 자치단체가 대학에 강좌를 개설하여 지역

오렌지나인이 연출한 〈산성의 도시, 대전을 걷다.〉 다큐멘터리 영상물

발전을 모색하고 있다.

순천향 대학교 공자 아카데미는 지역사회에 밀착된 프로그램으로 전 세계 공자 아카데미의 최우수 사례로 평가받는 등 중국 언론의 집중 조명을 받고 있다.

수원은 아예 인문학 도시를 선포할 정도다. 시내 전역에서 다양한 인문학 강좌, 수원학 강좌 프로그램이 진행 중이다. 수원 평생학습관은 물론 도서관, 박물관, 시민 단체에서 문학, 역사, 철학(문사철)과 관련한 단기, 장기 강좌가 다채롭게 열리고 있다.

지역학은 지역의 문화 콘텐츠를 재조명하는 장이 되기도 한다. 부산학의 경우 2003년부터 시에서 예산 지원을 시작해 '근대 부산의 제조업', '부산의 장터', '부산의 산동네', '부산의 항포구', '부산의 음식' 등에 걸쳐 알찬 기획 연구서와 교양 총서도 냈다. 이중 '부산의 산동네'는 산복 도로 르네상스와 연관된 축적물이자 콘텐츠였다. 이런 성과로 타 지자체의 사례 조사 대상이 되고 있는 게 부산학의 위상이다.

지역학은 지방 대학의 인문학 관련 학과 통폐합 논란에 대한 해법도 될 수 있다. 지역학을 중요시하는 대부분 지자체에서 대학에 일정 연구비를 지원하고 있다. 총론 또는 대학별 원론적인 지역학 연구나 강좌를 통해 지역학과 인문학의 융합을 꾀할 수 있다.

단재 신채호 생가지는 일제강점기 민족사 연구와 교육 활동으로 자주 독립에 헌신한 신채호 선생의 의미를 되새기면서, 대전학의 정체성을 확립하는 중요한 장소적 의미가 있다.

대학에서 지역학을 다룰 수 있는 당위성은 무척 많다. 천안 · 아산엔 대학이 14개, 10만 명의 대학생이 있다. 두 도시 인구(80만 명)의 10%가 넘는다. 이들 중 80%가 다른 지역 출신이다. 천안학 등의 이름으로 개설된 강좌에 매년 3,000여 명의 학생이 수강한다. 이들에게 천안 · 아산은 스쳐 가는 도시가 아니라, 장래 귀중한 홍보 대사가 되는 셈이다. 지역학 강좌가 없는 대전 등 도시에서 시급히 도입해야 할 논거다. 대전은 대전 시민 대학과 같은 평생 교육의 홍수 속에 오히려 소중히 다뤄야 할 지역학, '대전학'은 외면받고 있다.

## 지역학과 인문학의 융합을 위한 '지역학 아카데미'

지역학이나 인문교육은 대학에서만 필요한 것이 아니다. 초등, 중등교육 과정부터 도입되어 사람을 사람답게 길러 낼 수 있는 게 바로 인문교육이다. 인성교육과 인문교육은 '슬로스쿨'의 중요한 키워드다.

'지역학 강좌'는 초등학교에서부터 대학, 일반 시민의 평생교육 강좌에 이르기까지 공통의 과목으로 편성해야 한다. 예를 들면 교사를 대상으로 한 지역학, 청소년을 위한 지역학, 대학생 교양강좌 지역학, 일반 시민을 위한 평생교육 개념의 지역학 강좌 (지역학 아카데미)를 진행할 수 있다.

올바른 지역학의 정립을 통한 지역 발전의 모색을 도모하려면 지자체와 시민 사회단체의 협력이 필요하다. 해당 지역과 관련된 역사는 물론이고 인물, 지리, 환경, 교육, 산업 등 모든 것을 훑어야 한다. 제반 내용을 학문적으로 연구하며, 지역에 대한 이해를 넓히면서 새로운 도시 모델에 대한 전망을 구체화하고, 종합화하는 영역까지 나가야 한다. 또 이를 통해 시민 자긍심과 정체성을 함양할 수 있다.

지역 산업에서부터 도시 계획, 복지, 환경, 교육, 문화, 지역경제 활성화에 이르는 각 분야에서의 개혁적 과제를 시민 참여 속에 창의적인 아이디어가 시정 및 지역 사회 발전에 이바지하게 할 필요도 있다. 예를 들어 부산시와 부산 발전연구원 부산학 연구 센터에서 발족한 '부산 미래가치 위원회'는 입체적인 밑거름이 되고 있다.

지역학은 '지역의 진정한 특질은 무엇이며, 무엇을 지키고 무엇을 창조해 나가야 할 것인가'라는 인식을 출발점으로 한다. 글로벌시대는 국가나 지자체의 발전 전략만으로는 한계가 있다. 개인에서 이웃으로, 이웃에서 사회로, 사회에서 세계로 나가고 있다. 진정한 국가 발전은 지금까지의 관성인 위에서 아래로 내려서 추진하는 식이 아니다. 지역의 조건과 특성을 고려, 지역의 역량을 얼마나 이끌어내는가가 관건이다.

지방 스스로 창의적이고 자주적인 지역 발전 전략을 세울 때, 지방 자치 시대 지역의 정체성과 자긍심은 하나로 모일 것이다. '지역학' 정립으로 융합과 활력의 시민 문화를 형성하자. 평생교육이 성장판이라면 '지역학'은 그 도시의 미래를 밝히는 등대다.

# 1%와 99% 사이를 달리는 대한민국 설국열차

영화 〈설국열차〉가 많은 이야깃거리를 남겼다. 지구에 신빙하기가 닥치고, 오직 계속 달리는 열차에 탄 사람들만 살아남는다는 게 기본 설정이다. 설국열차란 세계를 작게 축소해 놓은 메타포(metaphor)다. 빙하기에 살아남은 인간들의 노아의 방주다. 생존에 필수적인 요소들을 열차에 싣고, 얼음으로 뒤덮인 지구를 끊임없이 돈다.

프랑스 만화를 기초로 한 성인을 위한 우화다. 가볍게 즐길 오락영화가 아니다. 인류가 만든 시스템과 그 시스템을 '균형'이라는 명분으로 조정하려는 독재자의 오만, 그리고 지도자의 자격 등에 대해 질문을 던지는 생각할 거리가 많은 작품이다. 사실 〈설국열차〉만큼 상징과 비유가 풍부한 영화도 흔치 않다. 이런 영화는 아직 낯설다.

달리는 열차는 오늘의 자본주의 체제를 상징한다. 봉준호 감독도 한 인터뷰에서 이렇게 말했다. "기차는 옛날로 치자면 증기기관이다. 증기기관은 영국 산업혁명의 대명사 격으로 자본주의를 있게 한 핵심 요소다." 전 세계를 휩쓸고 다니는 자본이라는 엔진은 자기 내부의 모순으로 스스로 폭발할 때까지 멈추지 않는다.

노무현 대통령이 초선 국회의원 시절 1988년 7월 8일 국회 본회의장 대정부질문

종착지 없이 지구를 순환하는 기차는 자본주의의 미래와 닮았다. 전 세계를 국경 없이 질주하며 부의 무한 증식을 꾀하는 초국적 다국적기업과 같다. 영화에는 사회학을 전공한 감독답게 맬서스의 '인구론' 등 많은 사회학 이론이 스며 있다. 봉준호 감독의 출세작 〈살인의 추억〉은 화성 연쇄살인 사건이라는 실화를 통해 그 안에 내포된 한국사회의 부조리를 이야기했다.

설국열차는 인류 역사 속에서 계급 간의 갈등, 보수와 진보의 본질과 가치의 차이점을 영화적 상상력으로 이야기한다. 각 객차 안의 승객들은 주어진 일을 충실히 해야만 열차가 움직일 수 있다는 말에서 사회 계층론을, 열차의 엔진은 스스로 움직인다는 점에서 구조주의 이론을 떠올리게 한다.

계층에 따라 구분된 각각의 열차 칸은 카스트 같은 계급으로 존재한다. 열차의 여러 칸은 최대한 많은 인류를 구원하고 살아가기 위해 만들어진 게 아니라, 최대한 많이 누리기 위한 것이다. 계급은 모자와 신발로 표현된다. 꼬리 칸 사람들은 비참하게 살아간다. 식량으로는 단백질 블록만 제공되며, 앞칸 사람들은 횡포를 일삼는다. 꼬리 칸 사람들이 이런 사회 시스템에 맞서 폭동을 일으킨다는 내용이 영화를 이끌어간다.

## 나는 열차의 몇 번째 칸에 타고 있을까?

꼬리 칸에서 시작한 혁명의 순서는 인류 역사의 전진과 맞아떨어진다. 처음엔 생존에 관한 전진이다. 인류보다 육체적 능력이 뛰어난 동물과 '물'을 놓고 다툰다. 고전하던 인류는 불을 발견함으로써 승리한다. 다음 칸은 농경 생활로 이어진다. 정착 생활의 특징은 균형과 통제가 요구된다. '일년에 두번만 먹을 수 있는 스시'로 비유한다.

신적인 절대자가 모든 것을 통제한다. 교육은 가장 효과적으로 지배 이데올로기를 공고하게 유지하는 데 필요한 도구가 된다. 독재는 대개 공포정치의 형태를 띤다. 밖으로 나가면 죽음뿐이라는 위협에 쉽사리 벽을 깨지 못한다. 체제 유지에 필요한 '당근'과 '채찍'은 기본 옵션이다.

기차는 폐쇄된 공간이다. 기차는 터널처럼 앞뒤로의 이동만을 허락한다. '앞칸으로 전진'의 의미는 이중적이다. 그것은 반란이면서 계급상승, 즉 출세와 성공도 의미한다. 문제는 그 해결책, 앞칸의 정복이 그리 시원스런 정답이 아니라는 점이다.

계급 사회에서 전진의 의미는 자리만 바뀔 뿐 악순환의 연속이다. 궤적을 벗어나지 않는 한, 자리만 바뀔 뿐이다. 꼬리 칸과 엔진 칸의 두 노인은 현 지배체제를 유지하고 안주하려는 기득권 세력이다. 스스로 이데올로기의 덫에 빠져있거나, 자본의 통제 아래 육체적, 정신적으로 늙어버린 존재들이다. 철저하게 균형을 갖추도록 통제되는 열차 시스템이 붕괴하면 모두 공멸하거나, 대혼란이 초래된다는 점에서 두 사람은 공동운명체다. 마치 토머스 홉스(Thomas Hobbes)가 말한 "만인에 대한 만인의 투쟁"을 연상시킨다.

위에서 아래로의 폭력, 아래서 위로의 폭력은 방향성만 다를 뿐 대칭 구조를 이룬다. 절대 선과 절대 악의 분명한 기준이 있었지만, 나중에는 모호해지는 지점이 있다. 선악의 구분이라기보다는 가치관이나 신념의 차이로 바라보게 된다. 사회학적으로 기능론과 갈등론의 대립에서 마르크스와 엥겔스를 연관하기도 한다. 그것도 스탈린과 동물농장에서 엿볼 수 있듯 모순이 드러난다. 가진 자의 논리로 이야기하며, 혹은 못 가진 자의 격정과 분노를 토로하는 두 세력이 충돌한다. 피지배자의 '자유와 평등' (신분상승) 요구와 지배자의 '균형과 질서' (기득권)

유지가 팽팽히 맞선다.

현재의 공동선으로 인식되는 질서는 기회가 평등하다는 자본주의 사회와 닮았다. 백인 위주의 자본주의(=설국열차)에서, 신세계로 탈출하는 동양과 흑인 아이도 상징적이다. 북극곰은 지구 온난화의 최대 피해자로 꼽는다. 마지막에 북극곰을 다시 발견한다는 건 아이러니다. 곰은 육식동물이다. 초식동물, 식물 등 인간이 살아갈 수 있는 생태계가 존재한다는 예시다.

영화의 종결은 열차에서 벗어나는 것이다. 열차 안과 밖, '설국'이라는 전제된 세계가 모두 붕괴함으로써 '창조적 파괴'로 결말을 맺는다. 이는 기존 사회를 움직이는 시스템을 벗어나야만 새로운 사회가 도래한다는 사회학적 메시지를 엿볼 수 있다.

## '1대 99 사회' '20대 80 사회'의 상징과 비유

지구적 차원의 불평등이 증대하는 게 오늘날 세계의 현실이다. '1대 99 사회' '20대 80 사회'라는 말이 이를 대변한다. 민주주의의 기본이념인 자유와 평등을 위협하는 수준에 이르렀다. 지구적 불평등 체제를 강화시킨 가장 중요한 원인은 신자유주의다. 이 신자유주의 세계화에 대한 경고는 2011년 가을 '월 스트리트를 점령하라'는 구호를 통해 전 세계로 울려 퍼졌다. 신자유주의에 심화한 자본주의는 승자 독식의 프로그램이며, 미국과 일부 선진국의 다국적 기업만 살찌웠다.

수평적 마인드를 가진 (故) 노무현 전 대통령. 권력을 내어놓고, 시민에게 다가갔다.

인간은 계급 사회와 자본주의를 발전시켜왔다. 플라톤부터 존재의 위계 질서를 찾는다. 그러나 그 사회 시스템이 불평등을 강화시키는 결과를 가져왔다. 노예제를 기반으로 한 그리스 시대의 철학자 플라톤과 아리스토텔레스는 인간의 불평등을 당연한 것으로 생각했다. 그들은 인간은 태어나면서부터 어느 한 계급에 속한다고 여겼다. 소크라테스와 플라톤이 노예제를 기반으로 한 정복주의적 그리스 문화에서 귀족 청년들을 대상으로 철학을 했기 때문일 수도 있다.

근대에 접어들어 루소는 인간에게는 자연적 · 신체적인 불평등과 사회적 · 정치적인 불평등이라는 두 가지가 있다고 지적했다. "그것은 저주받은 인생이었다. 농민들은 농촌에서 빵을 구할 수 없어 농토를 버리고 빵을 찾아 도시로 간다. 프랑스의 수도가 어리석은 인간들의 경탄을 자아낼수록 우리는 내버려진 농촌, 망가진 논밭을 보고 눈물짓는다. 거리는 거지나 도둑이 된 불행한 시민으로 넘쳐흐른다." 루소의 저서 『인간 불평등 기원론』에 나오는 한 구절이다.

독일의 사회학자 막스 베버(Max Weber)는 관료제의 등장이 현대 사회를 규정짓는 가장 중요한 특징으로 봤다. 관료제는 흔히 말하는 피라미드형 조직을 말한다. 권위에 바탕을 둔 위계질서 아래 규범과 절차에 따라 조직을 관리하고 운영하는 체계다. 주로 국가 기관, 군대 같은 공공성이 강한 조직이다.

인간의 불평등은 존 로크와 루소, 마르크스를 거치며, 태어나면서 주어지는 것이 아니라 사회에서 인간이 인위적으로 만들어 낸 것에 불과하다는 생각이 주를 이뤘다.

거의 250년의 간격이 있는데도 그때와 지금은 시대 상황이 비슷하다. 많은 사람이 일하고 싶어도 직업이 없다. 경제적 불평등 때문에 하층 계급은 인간적 대접을 받지 못하고 비참하게 살고 있다. 루소는 시민 사회의 가장 중요한 과제가 불평등의 해소라고 믿었다. 그러나 루소는 자본주의 체제를 붕괴시키고자 하지 않았다. 오히려 자본주의 체제의 붕괴를 막기 위해 '평등한 시민 사회'를 만들어야 한다고 주장했다.

다시 영화로 돌아가 보자. 주인공(송강호 분)은 꼬리 칸 사람들과는 다른 시선을 보여준다. 지식인으로 해석할 수 있다. 열차는 현재의 시스템이다. 맨 앞 엔진 칸은 이를 바꿀 수 있는 권력이다. 시스템을 둘러싸고 있는 상황에 관한 관심은 지식인의 속성이다. 그의 딸 요나는 투시력을 갖고 있다. 투시력은 장애물을 뚫고 앞을 내다보는 능력이다. 요나의 투시력은 지식인의 통찰이 미래에 대한 전망을 낳을 수 있다는 은유로 읽힌다.

'설국' 이전의 세상을 기억하는 송강호는 열차의 주인, 체제를 유지하는 관리자가 되고 싶은 것이 아니다. 열차 밖, 기존 체제 밖으로 나가려 한다. 신세계를 향한 '현 시스템에서의 일탈'이다.

과거는 역사다. 과거를 기억한다는 것은, 미래를 내다볼 수 있다는 것이다. 그만이 유일하게 열차 내의 조장된 질서를 전복하는 것이 중요한 게 아니라 피안의 세계로 탈출만이 진정한 변화라는 사실을 감지하고 있었다. 그가 원한 것은 현재 권력, 맨 앞칸이 아니었다. 열차의 바깥쪽, 즉 새로운 이상향으로 향하는 통로였다. 그가 진정 열고 싶은 문은 미래였다.

# 천재는 타고나는가? 만들어지는가?

천재는 타고나는 것일까 아니면 만들어지는 것일까. 고대에는 인간의 영역에 신들이 개입한 결과가 '천재'라고 믿었다. 로마는 신이 천부적인 재능을 내려준 사람을 천재로 여겼다. 천재는 안내자나 수호신을 의미했다. 보통 사람과는 다른 존재로 신격화했다. 천재를 뜻하는 단어 'Genius' 역시 라틴어로 '땅을 지키는 수호신'을 의미하는 'Genius Loci'에서 유래한 말이다.

고대 일부 학자들은 천재는 환생하는 것이라고 주장했다. 기원전 1세기 로마의 철학자이자 탁월한 웅변가였던 키케로는 어린아이들이 무수하게 많은 사실을 빠른 속도로 이해하는 능력이야말로 '탄생 전부터 이미 많은 것을 알고 있다'는 증거라고 말했다. 키케로의 주장은 소크라테스와 플라톤의 '상기설'에 기원한다. 플라톤은 '전생에서 이미 학습한 지식을 상기하도록 도와주는 것이 교사의 역할'이라고 말했다. 고대에는 이런 사상이 보편적으로 인정받았다.

교육이란 뜻의 단어 'education'은 '이끌어 올린다'는 의미의 라틴어 'educatio'에서 유래된 말이다. '이미 알고 있는 지식을 이끌어 내는 것'을 의미했다. 그 후 프랑스의 철학자 데카르트 역시 인간은 선험적인 지식을 갖고 있는데, 이것이 자극을 받으면 탁월한 직관이나 재능, 통찰력, 영감 등을 통해 드러난다고 주장했다. 즉 어느 날 갑자기 뛰어난 능력을 보이는 천재들은 그들이 전생에서 익힌 지식이나 재능을 발현하는 것에 불과하다는 것이다.

## 천재를 둘러싼 진실 혹은 풀리지 않는 의문

천재의 정의에 대해서는 의견이 분분하다. 아인슈타인처럼 21살에 상대성 이론을 발표하면 천재인가? 가장 핵심인 쟁점은 선험적으로 주어진, 비범한 (천부적) 재능을 천재라고 해야 하느냐, 아니면 선천적 재능을 떠난 탁월한 성취 능력을 천재라고 해야 하느냐의 문제다.

근래에 들어와 천재는 환생이나 신경계통의 이상이 아니라 학습의 결과로 만들어지는 것이라는 주장이 많다. 천재 음악가 모차르트는 4살 때부터 아버지 레오폴트에게 음악을 배웠다. 레오폴트는 모차르트와 함께 연주 여행을 다니며 철저하게 음악을 가르쳤다. 모차르트가 남긴 악곡은 1,000곡이 넘고, 실제로 작곡한 음악은 그보다 훨씬 많다. 모차르트의 뛰어난 창의성은 단순히 타고난 재능 때문만이 아니라 음악가였던 아버지에게 어릴 적부터 하루 13~14시간씩 혹독한 교육을 받으면서 재능을 발전시킨 결과다.

그러나 모차르트의 신화를 재현하기 위해 늦은 밤까지 피아노 앞에 붙들려 있었던 소년이 있었다. 바로 베토벤이다. 궁정 악장이었던 베토벤의 아버지는 아들을 통해 못 이룬 꿈을 실현하고자 했다. 수학자 파스칼 역시 뛰어난 능력을 갖추게 된 데에는 아버지 영향력이 컸다. 파스칼의 아버지는 아들이 공부할 과목과 교재를 직접 선택했으며, 파스칼의 지적 능력을 자극하려고 온 가족을 데리고 파리로 이사하는 일도 마다하지 않았다.

그는 파스칼의 뒷바라지를 하기 위해 변호사라는 직업을 포기하기까지 했다. 훗날 그가 회계 일을 하게 됐을 때 아버지를 돕기 위해 파스칼이 고안해 만든 것이 최초의 계산기였다. 뛰어난 천재로 주목받은 모차르트와 베토벤, 그리고 파스칼의 이면에는 천재가 되기 위해 감수해야 했던 고통이 숨겨져 있었다.

교육의 대모로 불리는 전혜성 박사가 슬하의 자녀를 키운 배경에는 책 읽기 교육이 있었다. 가족이 보유한 박사 학위만 11개다. 전 여사의 남편은 주미 대사로 근무 중 5 · 16 쿠데타 이후 미국에 망명한 고(故) 고광림 박사(1989년 작고)다. 두 사람은 여섯 남매를 모두 하버드대와 예일대에 보내고, 미국 주류 사회의 최고 엘리트로 키웠다.

장녀 고경신 씨는 하버드대를 졸업한 뒤 MIT 이학박사로 활동했다. 장남 고경주 씨는 예일대 의대를 졸업한 뒤 2009년 오바마 행정부의 보건부 차관보를 역임했다. 둘째 아들 고동주 씨는 하버드대 · MIT에서 의학 · 철학박사 학위를 받은 의사다. 가장 널리 알려진 셋째 아들 고홍주 씨는 하버드대 졸업 후 한국인 최초 예일대 법대 석좌 교수와 예일대 로스쿨 학장을 역임했다. 클린턴 정부 국무부 인권 차관보를 거쳐 이후 미국 오바마 대통령 행정부 법률 고문으로 재직 중이다. 둘째 딸 고경은 씨는 하버드대 법학박사 출신으로 유색 인종 여성 최초로 예일대 로스쿨 석좌 임상 교수로 재직 중이다. 막내아들 고정주 씨도 하버드대를 졸업했다. 그녀 자신도 이화여대 영문과 2학년 때 도미(渡美), 보스턴 대학원에서 사회학 · 인류학 2개 박사 학위를 땄고, 예일대 교수를 지냈다.

전 박사는 자녀를 책 읽는 아이로 키우려면 철들기 전부터 습관을 들여야 한다고 강조한다. 여섯 아이를 키울 때 언제 어디서든 책을 읽을 수 있도록 거실은 물론 아이들 방과 지하실 등에 책과 함께 책상 18개를 배치했다고 한다.

전 박사 부부는 처음부터 집안에 책상 18개를 구해 놓고 애들이 보든 말든 거기서 책을 읽었다.

책이 있다고 해서 당장 다 읽는 것은 아니지만 언젠가는 보게 된다는 것이다. 전 박사는 자녀에게 TV를 주말에 하루만 보게 하는 등 TV 시청을 엄격하게 제한했다. 물론 자녀에게 책만 읽도록 한 것은 아니다. 자녀와 함께 팝뮤직을 듣고 영화를 보면서 현실과 연결하도록 함께 토론했다. 그리고 정기적으로 박물관과 미술관, 도서관에 가서 자녀의 상상력과 호기심을 키워줬다.

전 박사는 저서 『생의 목적을 아는 아이가 큰 사람으로 자란다』에서 "교육은 솥에 물을 붓듯 지식을 넣는 게 아니다. 솥 아궁이에 불을 붙여 저절로 끓게 하는 것이다. 그런 과정에서 부모의 역할이 크다"고 말했다. 전 박사는 자녀를 글로벌 리더로 키우려면 '각자 나름의 독특함(authentic)'을 계속 상기시켜 주는 것이 매우 중요하다고 한다. 생의 목적이 분명한 아이, 성공이 아니라 성취를 꿈꾸는 아이로 길러야 한다는 게 전 박사의 지론이다.

20대 때 이미 문학평론가가 된 이어령 교수는 쓰는 책마다 베스트셀러가 되는 '언어의 마술사'다. 그런 능력과 소질은 어머니한테서 나왔다. 어머니는 전혀 글자를 모르던 어린아이에게 책을 읽어주었다. 유대인들이 갓난아이가 귀가 들리기 시작하면, 아이를 무릎에 앉히고는 유대인의 역사책인 구약성경을 히브리어로 날마다 들려주는 것과 같은 교육 방식이었다. 그러한 어머니의 교육이 있었기에 훌륭한 문학평론가가 될 수 있었다.

부모와 천재들의 관계를 연구해 온 학자들은 '천재는 그들을 천재로 키우려는 부모의 욕망과 엄격한 학습 때문에 만들어진 결과'라고 주장하고 있다. 뇌과학자들은 악기를 연주하면 뇌가 달라진다는 연구 결과를 바탕으로 환경과 교육의 중요성을 강조한다. 반면, 발달심리학자들은 진정한 영재는 타고나는 것이며 성공을 향한 열의와 노력도 천재성의 하나라고 믿고 있다.

전혜성 박사. 부모도 책과 신문을 읽고, 세상을 알아야 한다.

현재까지는 과학적으로 설명하기 어려운 천재들. 그러나 천재가 어떻게 탄생하는지, 또 어떻게 보통 사람보다 뛰어난 재능을 가질 수 있는지는 아직 밝혀지지 않았다. 천재를 둘러싼 미스터리는 풀리지 않은 숙제로 남아 있다.

## 우리 아이 영재로 키우는 방법

대전 출신의 박원희 양은 2004년 민족사관고를 2년 만에 조기 졸업하고 하버드 대학에 합격해 화제가 된 바 있다. 박양은 하버드대 입학 후 5년 만에 경제학 학사와 통계학 석사 학위를 동시에 취득하는 과정을 우등으로 마쳤다. 지금은 경제학 교수라는 꿈을 이루고자 프탠퍼드 대학원에서 공부하고 있다.

박양의 어머니 이가희 씨는 "독서를 잘하는 아이가 대성할 잠재력을 가질 수 있다"며, 독서의 중요성을 강조한다. 또 글로벌 리더를 양성하기 위해 영어가 중요하지만, 주입식 교육보다는 외국 드라마나 영화 비디오 등을 통해 몸으로 즐기며 즐겁게 놀이처럼 배울 수 있는 학습 방법을 제시했다. 이가희 씨는 2001년 대전일보 신춘문예 시 부문에 당선되어 시인으로도 작품 활동을 하고 있다.

얼마 전, 영화배우 김보성 씨의 두 아들이 IQ150의 영재라는 사실이 알려져 화제가 됐다. 김보성 씨의 아이 영재 교육법은 간단했다. 아이들과 함께 놀아주는 것, 뇌를 키우는 신체접촉, 언어와 감성의 발달을 위한 시 창작 등을 함께 해주었다고 한다. 영재 교육의 0순위는 아이들과 함께하는 시간을 많이 갖는 것이다.

영재들의 특징 중 공통으로 발견되는 사실은 아주 어릴 때부터 책을 접했다는 것이다. 영재들의 부모는 평균 6개월부터 아이가 말을 이해 못 하더라도 책을 읽어 주었다. 책을 읽어주면, 엄마의 목소리, 아빠의 목소리를 듣게 된다. 유아기 지능의 30%가 언어 발달과 청각 기억 능력으로 형성된다. 독서의 중요성은 아무리 강조해도 지나침이 없다. 교과서로 하는 공부는 끈기, 인내가 필요하지만, 책은 그만큼 인고가 필요하지 않다. 책은 교과서처럼 분절된 지식 조각의 모음이 아니라 처음과 끝이 있는 이야기이기 때문이다.

하버드 우등 졸업생 박원희 양의 어머니인 이가희 전 한국 열린교육 학부모회 공동 대표가 진주 아카데미 명사 특강의 강사로 초빙돼 강연하고 있다. (2012.4.23.)

그런데 우리 교육은 거꾸로 가는 것 같다. 어릴 때부터 영어, 수학을 못하면 좋은 대학에 못 가는 것처럼 각인되어 안타깝다. 그 누구라도 아침 일찍부터 밤늦게까지 아이를 학원으로 내돌려서 천재가 된 경우는 없다. 거의 모든 과목의 이해 능력은 언어와 사고력, 창의력, 즉 독서의 힘에서 나온다. 유년기, 초등, 중학교 시절의 독서량이 고등학교 때 힘을 발휘한다.

독서는 단순하게 책의 글자만을 읽는 행위가 아니라 책 속에 담긴 정보들을 새롭게 받아들여 자신의 것으로 만들고 기존에 가지고 있는 지식과 연관 짓는 활동이기 때문이다. 책을 통해서 지식을 축적할 수 있고, 또한 책을 읽을 때 받는 새로운 자극들이 기존에 있던 지식과 상호작용하면서 창의적 사고를 발현할 수 있게 된다. 지금도 늦지 않았다. 아이들에게 무엇보다도 먼저 독서의 힘을 길러주자.

## 천재는 1% 영감, 99%의 땀과 노력의 결과

아르키메데스의 왕관과 뉴턴의 사과. 이 둘의 공통점은 뭘까. 모두가 늘 봐왔지만, 모두가 보지 못한 것을 발견했다는 점이다. 창의(創意)란 늘 우리와 함께 있지만 보지 못한 것일 수 있다. 다만 창의는 어느 날 갑자기 뚝 떨어지는 것이 아니라 그 사안에 대해 풍부하고 치열하게 고민하는 사람에게서 나온다. 인류 역사에 등장한 탁월한 혁신은 대부분 천재 한 명의 머릿속에서 툭 튀어나온 게 아니다. 흩어져 있는 여러 아이디어가 교류하고 충돌하고 융합하는 과정에서 탄생했다.

천재(天才)라는 한자를 풀어보면 '하늘(天)'이 준 '재능(才)', 즉 세상에 둘도 없는 나만의 것, 나만의 독창적인 무언가를 일컫는 말이다. 나만의 천재성, 즉 독창성을 실용적으로 승화시킨 '현실적 천재 (practical genius)'라고 풀 수 있다. 이는 학문이나 직업에 똑같이 적용할 수 있다. 남들이 좋다는 것, 사회적으로 인정된 것 말고, 자기가 가장 관심 있는 것, 자신에게 가장 중요한 것을 탐구하고 추구하다 보면 저절로 자신의 것이 된다.

마르셀 프루스트는 천재를 '예기치 않은 존재'라고 불렀다. 시인 장 콕토는 '불타는 서정의 순간'이라고 했다. '한 명의 천재가 수백만 명을 먹여 살린다'는 말도 있다. 스티브 잡스가 이들 정의에 꼭 들어맞는 사람이 아닐까. 예기치 않은 순간 IT 혁명을 불러온 문명의 연금술사라고 할 수 있다. 불처럼 격정적으로 일에 집중해 인류의 욕망을 손바닥만한 스마트폰에 압축한 창조적 서정의 인간을 천재란 이름 말고 무엇이라 부를 수 있을까?

바야흐로 천재의 시대가 가고 '창재 (창의적 인재)'의 시대가 온다. 천재는 선천적 재능을 가진 인재라면, '창재'는 후천적 노력과 교육을 통해 길러지는 인재다.

에디슨은 "천재는 99% 땀과 노력, 1%의 영감으로 이뤄진다"고 얘기할 때, 아인슈타인은 "지식보다 상상력이 더 중요하다"고 했다. 이 또한 두 사람의 다름을 보여주는 대목이다. 하지만, "모든 인간은 천재로 태어나지만 살아가는 과정에서 천재성을 잃는다."라는 미래학자 리처드 풀로의 말에 전적으로 동의한다. 적어도 아이의 능력은 어떻게 만들어 가느냐에 따라 그 가능성이 무한하기 때문이다.

# 세상을 바꾼 세 개의 사과

인류 역사와 문명에 큰 영향을 끼친 세 개의 사과가 있다. 첫째 이브의 사과, 둘째 뉴턴의 사과, 셋째 폴 세잔의 사과다. 미술평론가로 유명한 모리스 드니(Maurice Denis)가 동료 화가 세잔의 그림을 예찬하기 위해 남긴 말이다. '이브의 사과'는 악마의 유혹에 넘어가 사과를 베어 문 이브의 한입으로 여자는 출산의 고통을, 남자는 노동을 통해 생계를 꾸려 나가야 하는 고통을 갖게 됐다.

'뉴턴의 사과'는 사과나무에서 떨어지는 사과로 중력을 알아냈다. 지구가 사과를 당기는 힘을 통해 질량을 가진 물체 사이의 중력의 끌림을 설명하는 만유인력의 법칙을 밝혀냈다. '세잔의 사과'는 현대 회화의 새 지평을 연 획기적 사건으로 기록된다. 세잔(Paul Cezanne 1839~1906)은 평소 사과를 소재로 한 정물을 즐겨 그렸다. 생전 약 110여 점에 달하는 사과 그림을 그려 '사과의 화가'라 불렸다.

폴 세잔의 그림 / 사과 바구니가 있는 정물

세잔의 사과에는 특별한 사연이 있다. 세잔은 어릴 적, 집안이 어렵고 다른 친구들로부터 늘 따돌림을 당한 한 친구를 항상 따뜻하게 위로하고 그를 가까이 대해주었다. 그는 고마움의 표시로 가끔 세잔의 손에 사과를 쥐여 주었다. 그가 바로 자연주의 작가로 널리 알려진 에밀 졸라다. 이들은 각자 소설가와 화가로, 영감을 나누며 성장했다.

사과로 파리를 정복하겠다는 세잔은 실제 사과 하나로 근대 미술사의 아버지가 됐으며, 끝없는 실험 정신과 사물에 대한 탐구 정신으로 자신의 그림 철학을 실현했다. 그는 사과를 눈에 보이는 대로 그리지 않고 사과의 본질을 표현하려 했다. '사물이 어떻게 보이는가'보다 '사물을 어떻게 보는가'에 초점을 맞췄다. 이는 현대 회화의 가장 중요한 쟁점이 됐다.

## 세상을 바꾼 네 번째 사과는 스티브 잡스의 '애플'

세계인에게 사과의 이미지는 인류 문명의 새 장이 열릴 때마다 등장하는 혁신적 코드로 각인되어 왔다. 아담과 이브의 사과를 통한 서양 기독교 문명의 창시, 뉴턴의 사과를 통한 과학

문명의 창시, 폴 세잔의 사과를 통한 현대미술의 창시. 이 모두가 새로운 창조와 도전, 혁신의 뜻을 함축하고 있다.

요즘 여기에 네 번째 사과를 추가해 말하는 사람들이 늘고 있다. 인류 태초의 원죄, 천체 물리학의 패러다임 전환과 같은 역사적 합의에 견줄 수 있는 4번째 사과는 무엇일까? 많은 이들이 세상을 바꾼 네 번째 사과에 스티브 잡스(Steve Jobs, 1955-2011)의 사과(apple)를 꼽는다. 애플사의 로고인 '한입 베어먹은 모양의 사과'를 네 번째 사과로 추가하는 사람들이 늘고 있다.

물론 그리스 신화에 나오는 트로이의 왕자 '파리스의 사과', 스위스 독립운동에 불을 붙인 도화선이 됐고 이후 혁명과 자유의 상징으로 전해지는 '윌리엄 텔의 사과'를 꼽는 사람도 있지만, 호사가의 말에 불과하다. 그만큼 잡스와 애플사가 세계에 끼친 영향이 크다는 것을 대변해준다.

융합을 상징하는 인물로 손꼽히는 스티브 잡스는 21세기 초를 온통 애플의 신화로 떠들썩하게 만들었다. 잡스는 때로 워즈워스의 시를 읽으며 기술과 디자인의 융합을 추구했고, 과학과 인문학의 통찰을 산업에 접목함으로써 세상을 변화시켰다. 상상력과 창의성으로 성공을 꿈꾸는 젊은이들이 가장 닮고 싶어 하는 인물. 사람들은 인문학과 기술의 만남, 현실과 상상의 연결, 예술과 기술을 결합한 스티브 잡스의 업적을 칭송한다.

스티브 잡스가 대단한 이유는 기술 중심의 애플을 창업해 세계 최고의 반열에 올려놓았고, 픽사를 창업해 엔터테인먼트

업계인 영화분야에서도 큰 성공을 거두었다는 점이다. 하나의 회사를 창업해서 그 분야의 최고로 성장시키는 것 자체가 매우 힘든 일이다. 이러한 성공은 스티브 잡스에게 필생의 맞수라고 할 수 있는 빌 게이츠와 다른 스티브 잡스만의 특별함을 보여주는 사례다.

지난 8월 잡스의 이야기를 다룬 영화까지 나왔다. 영화 〈잡스〉는 맥과 아이폰을 만든 잡스의 일생을 다뤘다. 맨발로 교정을 걷고, 의견이 다른 직원을 단칼에 해고하는 등 완벽주의자와 괴짜 성향이 있는 잡스의 모습이 고스란히 담겼다. 애플을 설립해 혁신적 IT 제품을 쏟아냈던 잡스의 면모를 여러모로 조명한다. 누군가에게는 반항아, 누군가에게는 개척자였던 잡스의 롤러코스터 같은 실제 인생을 엿볼 수 있다.

샌프란시스코에서 미혼모의 아이로 태어나 폴 잡스 부부에게 입양된 잡스는 초등학교 시절, 학교를 자주 빼 먹는 문제아이자 사고뭉치였다. 동네 차고에서 엔지니어와 전자공학도였던 동네 형들과 놀면서 일찌감치 자신의 흥미 분야를 깨달은 잡스에게 학교는 그리 재미있는 곳이 아니었다.

학교는 따분하다고 늘 투덜거렸고, 아이들과 잘 어울리지도 못했다. 선생님에게 대드는가 하면 교실에 폭음탄을 터뜨리는 일도 서슴지 않았다. 그런 잡스는 4학년에 올라갔을 때 스스로 "내 인생의 성자 중 한 분"이라고 고백한 담임교사였던 이모진 힐을 만난다.

한국표준과학연구원(KRISS)에 있는 '뉴턴의 사과나무'에 사과가 주렁주렁 열렸다. 이 사과나무는 1977년 2월 미연방표준국(NBS)이 한미 과학 기술 협력의 상징으로 우리나라에 기증했다.

힐은 잡스가 학교 공부를 따분해하지만, 영리하다는 것을 알아차리고 상급과정의 수학 문제를 풀게 했다. 힐의 칭찬과 배려는 동기유발에 큰 효과가 있었다. 잡스 안에 있던 배움의 열정을 이끌어 냈다. 훗날 잡스는 "그분이 아니었다면, 나는 틀림없이 소년원이나 들락거리고 말았을 것"이라고 회상했다.

## 스티브 잡스는 연금술사

"더 이상 더할 것이 없을 때가 아니라, 더 이상 뺄 게 없을 때 비로소 완성된다." 스티브 잡스가 개발한 IT 제품은 최고의 단순함에서 섬세함의 극치를 찾았다. 스티브 잡스의 창조는 기술과 예술을 하나로 만들듯 여러 요소를 연금술사처럼 하나로 조합하는 데 있다. 그의 이런 능력은 타고났다기보다 노력의 결과이다.

스티브 잡스의 곁에는 항상 기술과 예술이 공존해 왔다. 중고등학생 시절 그는 전자 기기에 푹 빠져 있었다. 그래서 당시 전자 계산기기를 만들고 있던 HP나 전자 부품을 판매하던 할텍에서 아르바이트를 했고 전자기기 동호회인 와이어 헤드에서 활약했다. 다른 한편으로는 예술과 문화에도 깊은 관심을 두고 셰익스피어의 작품을 연구하기도 했다.

한 가지 분야가 아니라 이질적인 두 가지 분야에 많은 시간을 투자하는 스티브 잡스의 성향은 리드대학교 시절에도 계속된다. 대학에서는 물리학과 철학이라는 이질적인 분야를 함께 공부하다가 중퇴했다.

아이패드를 발표할 당시 스티브 잡스는 애플이 기술과 인문학의 교차로 사이에 있다고 했는데 대학교 시절에 이미 그 교차로에 서 있었던 것이다. 스티브 잡스는 애플1 컴퓨터를 만들다가 지치면, 마당에서 기타를 치면서 밥 딜런의 노래를 부를 정도로 컴퓨터뿐만 아니라 음악과도 가까이 있었다.

보통 사람들은 기술과 예술은 아주 다른 분야라고 생각하지만 스티브 잡스는 전혀 그렇지 않은듯하다. 스티브 잡스는 『타임』과의 인터뷰에서 예술과 과학에 대한 차이를 질문받은 적이 있다. 그러자 그는 다음과 같이 말했다. "나는 절대로 그 두 가지가 별개라고 생각하지 않습니다. 레오나르도 다빈치는 위대한 예술가이자 위대한 과학자였습니다. 미켈란젤로는 채석장에서 돌을 자르는 방법에 대해 엄청난 지식을 보유하고 있었습니다.

내가 아는 가장 뛰어난 컴퓨터 과학자들은 모두 음악가이기도 합니다. 어떤 사람이 다른 사람보다 더 뛰어난 실력을 갖춘 사람이 있겠죠. 하지만 그들 모두는 음악을 인생의 중요한 일부라고 생각합니다. 최고의 인재들 자신을 갈라진 나무의 한쪽 가지로만 보지 않습니다. 나는 그렇게 볼 수가 없습니다."

1976년 샌프란시스코의 한 차고에서 스티브 잡스가 친구인 스티브 워즈니악과 함께 문을 연 애플은 세계 최초의 PC를 내놓은 이래 35년간 IT산업의 신기원을 열어왔다. 숱한 천재들이 명멸했지만, 애플의 창업자 잡스야말로 현대문명이 낳은 불세출의 천재다. 윈도를 개발한 마이크로소프트의 빌 게이츠가 소프트웨어의 천재라면, 잡스는 하드웨어의 천재이자 경영의 귀재였다.

스티브 잡스는 PC 이후 시대에 만들어지는 기기에는 기술과 인간이 결합하는 것이 가장 중요하다고 강조했다. 잡스는 애플의 디엔에이(DNA) 속에 기술과 인문학을 결합하려고 했다. 그는 애플의 기술 속에 인문학적 교양과 인간이 녹아들어 가길 원했다.

애플의 'Think different'가 다른 기업과 근본적으로 다를 수 있었던 것은 스티브 잡스가 현실에 안주하는 사람이 아니었기 때문이다. 아이팟과 아이폰, 아이패드를 연달아 출시해 IT계의 새로운 이정표를 제시한 혁신의 아이콘 스티브 잡스. 그의 끝없는 호기심은 대담한 상상력이 되어 세계에 우뚝 섰다. 그리고 자기 주도적으로 미래를 설계해 나가고 과감히 새로운 세상에 도전하고 싶은 청춘들이 가장 닮고 싶어하는 인물이 됐다.

덴마크 미래학자 롤프 옌센은 미래 사회를 이야기와 감성이 지배하는 '드림 소사이어티'로 규정했다. 잡스는 '꿈의 세상'으로 들어가는 문의 열쇠를 인류에게 건넨 사람이다. 그는 천재성을 다 못 발휘하고 떠났다. 앞으로도 인류는 기기묘묘한 신제품을 만들어 내겠지만 아마도 잡스의 복제품에 불과할지도 모른다.

그는 인류에게 IT 제품만 남긴 것이 아니라 더 나은 미래를 향한 도전과 창조의 정신을 남겼다. 스티브 잡스의 2005년 6월, 스탠퍼드 대학 졸업식 연설은 "저는 대학을 졸업하지 않았습니다"로 시작했다. 졸업생들에게 한 마지막 그의 당부 "항상 모자람이 있다고 생각하고 갈망하라. 우직하게 (Stay hungry, Stay foolish)."는 세기의 언어로 남았다.

한편 대구시는 지난 4월, '글로벌 창조 도시'로 도약하고자 하는 도시의 정체성을 대변하기 위해 대구시 대표 아이덴티티로 '창조 사과'를 최종적으로 결정했다. 세계적으로 인지도를 높이고 도약할 방안으로 '창조 사과'를 대구의 창조와 혁신 코드로 내세우게 된 것이다. 우리나라 사과의 효시는 1899년 동산의료원 초대 원장인 존슨 선교사가 미국에서 3개 품종 72그루를 병원사택 뜰에 심은 것이며, 우리나라에서 가장 오래된 '홍옥' 사과나무는 아직도 동구 평광동에 남아있다.

# 디지털 시대의 다빈치, 한국판 스티브 잡스는 어디에

바야흐로 '융합의 시대'다. 융합은 정보 통신과 나노 기술, 로봇과 생명 공학 등 과학 기술과 공학을 넘어 과학 기술과 인문사회라는 상반되는 두 문화의 틈새를 없애는 돌파구로 확대 재생산되고 있다.

생물학과 건축학이 만나면 아프리카 대륙의 한가운데 에어컨이 없는 빌딩도 지을 수 있다는 말이 시사하듯, 오늘날 융합은 아주 새로운 지식 혹은 혁신적인 해결책을 제시하며 세상을 바꾸고 있다. 융합은 경계를 넘나드는 자유로운 상상, 자연과학과 인문학의 만남 그리고 그것을 지원하는 문화적 여건이 제대로 갖춰져야 꽃을 피울 수 있다.

이탈리아는 로마 제국 때부터 다양한 문명의 영향을 받아 풍요로운 문화를 꽃피었다. 문화 혁명인 르네상스가 시작된 곳 역시 이탈리아다. 아시아와 유럽, 아프리카의 통로에 자리 잡은 지중해 한복판이라는 위치 때문에 자연스럽게 융합의 용광로가 됐다. 15세기 이탈리아의 메디치 가문은 음악 · 미술 · 철학가 등 다방면의 학자를 모아 공동작업을 후원했다.

여기에서부터 문화의 창조 역량이 커져 르네상스 시대를 맞게 됐다. 레오나르도 다빈치, 미켈란젤로, 라파엘로, 보티첼리 등 르네상스를 빛낸 거장의 상당수가 메디치가의 후원을 받았다. 마키아벨리는 메디치 가문에 『군주론』을 헌정했으며, 갈릴레이는 목성의 위성을 발견하고 자신을 후원해준 이의 이름을 따 '메디치의 별'이라 명명했다. 메디치가는 수많은 학자를 후원하며 세기의 노블레스 오블리주로 길이 남았다.

## 한국의 스티브 잡스, 현 교육 시스템에서 찾을 수 있나?

교육의 패러다임이 바뀌고 있다. 전 세계 교육의 화두는 융합교육이다. 올해부터 한국형 융합 인재 교육(STEAM)이 도입된다. STEAM 이란 미국을 비롯한 많은 선진국에서 과학기술 분야의 인재 양성을 위해 과학(Science), 기술(Technology), 공학(Engineering), 예술(art), 수학(Mathematics)이 통합된 교육 방식을 말한다.

STEAM은 교과 간의 경계보다는 연계를 강조한다. 특히 다방면의 통합적인 지식을 습득해 문제 해결 능력을 길러주는 것에 목적을 두고 있다.

지금 세계는 국제사회의 치열한 경쟁에서 우위를 차지하기 위해 창의 인재 육성에 사활을 걸고 있다. 융합 교육 강국들은 다양한 영역과 과목을 접목한 교육을 통해 미래 산업이 요구하는 창의력과 문제 해결력을 갖춘 인재를 길러 내는 것을 목표로 하고 있다.

한국보다 한발 앞서 시작한 선진국에서는 융합 교육이 더는 특별한 교육 방법이 아니다. 모든 수업 시간에서 자연스러운 교육 방법으로 자리 잡았다. 미국 오바마 대통령은 미래 과학기술 발전을 주도할 창조적 인재 양성을 위해 'STEAM 교육'을 강조하고 있다. 통합 교육을 통해 과학 기술에 대한 흥미와 이해를 높이고, 융합적 사고를 하는 인재를 키우는 데 목표를 두고 있다.

초기에는 방과 후 활동에만 주로 시행됐으나 최근에는 초 · 중 · 고교의 정규 교육으로 확대되면서 특성화 고등학교까지 생기는 실정이다. 심지어 미국은 자국 내 대학에서 이공계 석사 학위 이상을 취득하면, 곧바로 영주권 취득 자격을 부여하기도 한다.

중국의 핵심 권력층 대부분은 이공계 출신으로 채워져 있다. 우리나라 국회의원의 7%만이 이공계 출신인 것과 크게 대비된다. 시진핑 중국 주석부터 칭화대에서 화학을 전공했고, 다시 법학박사를 받았다. 전임자 후진타오 주석도 칭화(淸華)대 수리 공정과를 나왔다. 중국은 2008년부터 세계적 수준의 과학 인재 1,000명을 국내로 영입하는 '천인계획(千人計劃)'을 추진하고 있다. 충분한 연구 보조비 등 국가의 전폭적인 지원으로 벌써 1,500여 명을 영입했다고 한다.

미국 STEM 교육 현장을 찾은 오바마 대통령. 미국의 STEM 교육은 실험적이긴 하지만, 많이 진전돼 왔다. 우리나라에서는 Art를 더 넣어 STEAM이 됐다.

우리는 아이들이 스티브 잡스처럼 되길 바란다. 동시에 입시 교육에서 우위를 차지해 소위 'SKY 일류대학'에 가기를 원하고 있다. 이런 이중적인 딜레마에 빠져 있는 교육 현실과 사회 구조의 틀을 깨지 못하면 창의 인재 육성은 불가능하다.

한 명의 천재가 만 명을 먹여 살린다는 것도 우리나라에서는 절반의 사실에 불과하다. 매해 한국 중고등 학생들이 수학이나 과학 국제 올림피아드를 휩쓸어도 그들이 사회에 나간 후에는 현실의 벽에 부딪힌다. 우수한 학생들은 그들의 꿈과 희망과는 관계없이 의대나 법대만을 가기 위해 발버둥친다.

날로 심각해지는 이공계 기피 현상은 과학 기술 인력의 수급난으로 이어져 연구 개발 기반의 위축을 초래하고 있다. 무엇보다 이공계 위기는 이공계 인재들에 대한 낮은 보상 소득과 사회적 지위 약화, 고용 불안 등에서 비롯됐음을 정부 당국은 깨달아야 한다.

## 점점 멀어지는 제2의 스티브 잡스의 꿈

정부는 지난 8월 '창조 경제를 견인할 창의 인재 육성 방안'을 내놨다. 창의 인재를 키우기 위해 초등학교 때부터 창의성 교육을 강화한다는 게 골자다. 정부는 입시 경쟁과 스펙 쌓기에 내몰린 교육, 학벌 위주의 기업 채용 문화 등을 창의 인재 육성의 걸림돌로 진단해 놓고, 이를 혁신할 근본적인 대책은 제시하지 못했다.

그리고 중요한 점을 간과했다. 사람을 키우는 교육은 '가르치는 것'이 아니라 '기르는 것'이다. 기술은 가르칠 수 있지만, 상상력과 창의력은 가르친다고 되는 것이 아니다. 학교에 '무한 상상실' 하나 만들어 놓고, 스티브 잡스같은 인재가 탄생하기를 바라는 것은 한심한 일이다.

교육계도 비판적 입장이다. 과학 · 기술 · 공학 · 예술 · 수학 융합교육을 확대하겠다는 방침에도 현장 여건을 고려하지 않은 실효성이 의문시되는 미시적 대책이라는 것이다. 융합 교육을 위한 교과서 개발이 전혀 없고, 이를 가르칠 교사에 대한 연수도 제대로 이뤄지지 않은 상황에서 교사가 알아서 교육 과정을 재구성하라는 식의 정책은 받아들일 수 없다는 얘기다.

창조 경제는 자본과 단순한 노동보다 인간의 창의성 등을 활용해 새로운 경제적 가치를 생산 · 소비하는 선도형 경제다. 창조경제 시대 국가 혁신의 핵심은 두말할 나위 없이 창의 인재다.

창조경제를 방해하는 가장 큰 장애물은 현 교육 시스템이다. 현행 대입제도는 창의 인재를 필요로 하지 않는다. 오로지 높은 내신과 수능점수, 스펙 쌓기, 복잡한 입시 전형에 대응한 입시 전략이 필요할 뿐이다. 이를 개선하지 않은 창의 인재 육성 방안은 탁상공론에 불과하다.

대학 또한 창의적인 인재를 발굴하는 상아탑이기보다, 대기업에 입사하기 위한 최고의 샐러리맨을 양성하는 취업 학원으로 전락한 지 오래다.

창의 인재 육성을 위해서는 교육 과정과 대학 입시 체제를 확 바꿔야 한다. 교육의 설계도인 교육 과정, 교육의 블랙홀이 된 대입제도를 손보지 않고, 창의 인재를 기대하는 건 연목구어(緣木求魚)에 불과하다. 경쟁과 입시의 틀을 깨는 코페르니쿠스적 발상의 전환이 필요한 때다.

융합 인재 교육은 실사구시(實事求是) 교육이다. 이제는 단순한 물질적 융합 그 이상인 '통섭(Consilience)'의 시대다. 과학, 인문·사회, 예체능 등 학문의 경계를 깨고 학생의 창의성 교육 효과를 어떻게 늘릴 것인지 고민해야 할 때다. 융합은 과학뿐 아니라, 일반 교육 과정에서도 적용돼야 할 가치다.

여기에 필요한 것은 콘텐츠가 아니라 사고의 방법이다. 창의적 문제 해결 능력, 상상력, 탐구 능력, 논증 능력 등이다. 이 단어들의 공통점은 콘텐츠가 아니라 프로세스다. 즉, 문제를 해결해 나가는 생각의 습관이다.

본래 인간에게 원초적으로 잠재된 '그 무엇'을 꺼내도록 도와주는 것이 교육의 본질이다. 우리 교육은 잠재적인 내면은 놔두고 단편적이고 천편일률적인 지식만을 주입해 왔다. 그렇게 해선 교육이, 또 세상이 안 바뀐다.

물고기를 잡아서 주지 말고, 물고기 잡는 법을 가르쳐야 한다. 물고기가 콘텐츠라면 물고기 잡는 법은 철학적으로 생각하는 방법, 접근하는 방법, 해결하는 방법이다. 직관을 논리와 통찰력으로 풀어내고, 감성을 체계적이고 이성적으로 풀어낼 수 있도록 교육이 답을 내놓아야 한다.

# 99%를 위한 창조 학교 '애플스쿨'로 가자

과학 기술과 인문학의 융합이 관심사가 되고 있다. 정부의 국정 과제에서 제시하는 창조 경제를 뒷받침하고, 미래 가치를 창출할 수 있는 교육 패러다임이 융합 과학이며, 융합 인재 교육이다. 우리나라가 세계를 선도하는 강국이 되려면 제임스 캐머런, 빌 게이츠, 스티브 잡스 같은 창의 인재를 길러 내야 한다.

미래의 가치와 부를 창출하려면 과학적 사고력과 인문학적 상상력, 그리고 예술적 감수성을 겸비한 창의적 융합 인재의 육성이 절실하다. 창의 창달은 정부가 직접 농사짓는 데 관여하는 것이 아닌, 농지 개혁만 해줘야 이뤄질 수 있다.

교육 당국이 아무리 창의 교육을 강조해도 교사가 진도 나가기에 급급하고, 수업 자료도 충분치 않으며, 창의적 학습 활동을 할 수 없는 게 학교 현장의 실정이다. 교과목 수, 학습량, 학

인문학과 기술의 교차점에서 창조의 원석을 캐냈던 스티브 잡스는 대한민국 교육이 나아가야 할 지표다.

습 수준, 교수 학습방법, 평가 방법 등을 더 획기적으로 혁신해야 한다. 교사 역량 강화, 교육 여건 개선에도 더 많이 투자해야 한다.

평가 방식도 중요하다. 개인과 집단의 질문 내용의 질을 분류해서 상대평가가 아니라 절대평가를 해야 한다. 교사가 가르쳐준 내용은 물론 개별적 노력을 발휘해서 가진 개인의 능력과 역량을 평가해야 한다. 경쟁은 자기 자신의 능력과 역량을 키우기 위해 오직 자신과 끊임없이 하는 것이다. 또래의 급우들과는 경쟁의 상대라기보다는 협력과 협동으로 상호 배려하는 동반자라는 인식을 유도할 평가 방법을 개발해야 한다.

이를 위해 학급 규모를 감축하고, 학생 참여형 · 체험형 수업이 전개될 수 있도록 행 · 재정적 지원이 반드시 뒤따라야 한다. 진로교육을 활성화하려면 각자의 소질과 적성, 진로에 따라 맞춤형 교육을 제공하는 방안을 검토해야 한다.

현재 일부 과학고와 영재 학교를 중심으로 추진되던 융합형 프로젝트 학습을 모든 일반고로 점차 확대해야 한다. 상위 1%가 아닌 99%를 위한 창의성 교육에도 관심을 두어야 한다.

농사는 농사꾼에게 맡겨야 한다. 공급자가 아닌 교육 소비자의 관점에서 근본적인 교육 혁신이 필요하다. 정부는 지원하되, 간섭하지 않아야 한다, 교사 중심에서 학생 중심으로 교육 패러다임의 전환도 필요하다.

스티브 잡스는 인류에게 IT 제품만 남긴 것이 아니라 더 나은 미래를 향한 도전과 창조의 정신을 남겼다.

전 교과, 모든 교사의 수업에서 사유 활동이 일어나고 창의 인성교육이 발현되도록 교육 과정을 개편해야 한다. 동시에 이 같은 공교육을 충실히 반영하도록 입시를 개선하는데 정부의 역량이 집중돼야 한다. 원(願)이 커야 성공도 크다. 바로 이럴 때 '창조적 파괴'가 필요하다. 이런 '새교육'과 '창조적 파괴'의 비전을 담아 구현할 수 있는 창조 학교를 '애플스쿨(apple school)로 명명하고 싶다.

## 창조 학교 '애플스쿨'에서 한국의 스티브 잡스를

오는 2017년부터 고교 무상 교육이 전면적으로 시행된다. 일반 고교보다 수업료가 상대적으로 비싼 자율형 사립고는 당장 영향을 받지 않을 수 없다. 교육 당국은 자사고에 대한 수업료 지원 방안을 다시 검토해야 한다. 그에 앞서 해당 학교 스스로 경쟁력과 이미지를 높여야 함은 당연한 일이다. 자율형 공립

고는 폐지 절차를 밟을 것이다. 또 그렇다고 해서 여타 일반고가 저절로 좋아질 리 만무하다.

특히 대도시 원도심 지역 대다수 학교는 낡은 건물 때문에 과학실, 컴퓨터실조차 변변치 못하다. 해당 교육청에서는 선택과 집중을 통해 단시일 내 교수 학습 여건을 전면 개선하는 대담한 시책을 전개해야 한다. 참여 정부 시절 지역 균형 발전의 하나로 전개한 누리 사업(지방대학 혁신역량 강화사업)이나, 대전시에서 원도심 재생 특화 사업으로 시행한 '무지개 프로젝트' 같은 정책을 깊이 있게 벤치마킹할 필요가 있다.

상위 1%만이 아닌 99%의 창의성 교육에도 관심을 쏟아야 할 부분이다. 모두가 스티브 잡스처럼 될 수는 없다. 소수 영재를 가르치는 영역과 대다수 학생을 가르치는 영역이 달라야 한다. 학생들의 평가보다 소질, 재능, 기능을 일깨워 창의성을 유도하는 교육이 선결 과제다.

탁월한 재능을 지닌 학생은 그 능력을 최대한 발현할 수 있도록 하고, 일반 학생들도 각자 개인이 가진 가장 큰 장점을 찾아내 그 방향으로 능력을 키워주는 것이 진정한 수월성(秀越性) 교육의 핵심이다. 사슴은 사슴대로, 토끼는 토끼대로, 독수리는 독수리대로 평가해야 한다. 각각 다른 능력과 배경을 가진 학생을 모두 한 줄로 세워 평가한다는 것 자체가 모순이다.

학생의 두뇌 사용량을 넓혀주고 상상과 창의성의 질을 높여줄 수 있는 학교환경을 만들어주어야 한다. 교사가 가르쳐준 내용을 얼마나 정확히 알고 있느냐의 여부만을 평가하는 교육 시스템으로는 스티브 잡스와 같은 인재를 키울 수 없다.

그 많은 사교육비를 써도 학문 분야에서는 노벨상 수상자 하나 없는 열악한 현실이다. '될성부른 떡잎'은 먼저 알아보는 사회 분위기를 먼저 만들어야 한다. 춘추전국시대 백락이 천리마를 한눈에 알아본 것처럼, 스티브 잡스의 담임교사였던 이모진 힐이 잡스의 재능을 파악한 것처럼 말이다.

## 제2 스티브 잡스는 창조 학교 '애플스쿨'에서

스티브 잡스가 박물관을 자주 찾은 까닭은 상상력과 창의력을 그곳이 키워줬기 때문이다. 과학 대중화와 살아있는 체험 교육의 최일선이 바로 과학관이다. 중앙 과학관은 청소년의 창의 융합 현장 체험 교육의 중요한 인프라다. 연간 90만여 명의 관람객이 중앙 과학관을 찾아온다. 대전 중앙 과학관에 이어 과천, 대구 및 광주에서 문을 열었다. 부산 과학관과 서울 노원구에 세워질 서울 과학관 건설도 탄력을 받고 있다. 세종시에는 미국 스미스소니언을 벤치마킹한 국립 자연사박물관이 들어설 예정이다.

대전은 창의 융합 교육을 선도하는 으뜸 도시로 안성맞춤이다. 대덕 특구, 국립 현충원, 자연사 및 역사 박물관, 종합 청사, 3군 통합의 계룡대, 3대 하천 등 현대판 맹모삼천지교의 교육 환경을 보유하고 있다. 창의와 상상력의 초석이 될 인문학과 역사적 자원도 풍부하다. 대전 지역은 기호 유학의 중심지나 마찬가지다. 수많은 선비와 애국지사의 발자취만 따라가도 시대를 통찰하는 지혜를 구할 수 있다.

국공립, 사립, 대학 박물관 · 미술관도 광역시 중에서 서울 다음으로 제일 많다. 아이들에게 상상력과 창조력, 지적 호기심과 감성을 키워주려면 이론 중심 교육에서 벗어나야 한다. 대덕 특구는 물론 박물관과 연계한 창의적 체험 활동은 중요한 융합교육 실천 방안이다. 대덕 특구 내 한국표준과학연구원에는 뉴턴이 만유인력 법칙을 발견할 수 있도록 영감을 준 사과나무의 4대손이 명맥을 잇고 있다. 제2의 스티브 잡스를 키우는 창조 학교 '애플스쿨'은 대전에서부터 시작하자.

인문학과 기술의 교차점에서 창조의 원석을 캐냈던 스티브 잡스는 대한민국 교육이 나아가야 할 지표다. 하루빨리 청소년들이 창조의 꿈을 키우고 가꿀 수 있으며 '새교육'의 물꼬를 터줄 철학이 있는 교육자가 나서야 한다. 대한민국을 넘어 세계를 혁신하는 제2의 스티브 잡스나 마크 주커버그를 키우는 일, 그 꿈을 찾는 대한민국 교육은 지금부터 시작이다.